Denys l'Aréopagite

Traité des noms divins

Précédé de

La hiérarchie ecclésiastique

Traduit du grec et annoté par Georges Darboy

LA HIÉRARCHIE ECCLÉSIASTIQUE

ARGUMENT DU LIVRE

Tous les êtres sont soumis à l'action de la Providence ; cette action s'exerce selon des lois générales et particulières. Les lois générales se retrouvent dans toute hiérarchie ou gouvernement d'une classe d'êtres ; les lois particulières constituent la différence même par laquelle se distinguent entre elles les hiérarchies diverses.

Ainsi, la hiérarchie est un milieu qui, plein de lumière et de force, éclaire, attire et ramène les créatures à Dieu, leur principe et leur fin : voilà l'unité, la généralité. Mais les créatures reçoivent le don divin qui les perfectionne en la façon que réclament leur essence et leurs facultés propres : voilà la distinction, la particularité.

Il résulte de là que les humains aussi bien que les anges sont appelés à Dieu ; mais ils n'y sont pas de la même manière. Aux anges, purs esprits, suffit l'intellection pure ; les hommes, esprits emprisonnés dans des corps, seront élevés à la contemplation des choses saintes par des images sensibles, par de grossiers symboles.

C'est pourquoi, divine dans son essence, sa force intime et son but, notre hiérarchie est revêtue de formes extérieures, et s'exerce corporellement et d'une manière palpable. Les sacrements par lesquels sont établis, maintenus et vivifiés, les ordres divers de la hiérarchie ecclésiastique, portent donc un double caractère, à la fois esprit et matière, réalité et figure.

Mais le monde supérieur projette sa lumière sur le monde inférieur, et il y a dans les choses qui apparaissent comme un vestige des choses purement intelligibles. Ainsi, les rites usités dans les sacrements sont remplis de pieuses leçons ; et un des devoirs et des secrets de la foi, c'est d'étudier le divin dans l'humain, l'incréé dans le créé, l'unité dans la multiplicité.

Toute recherche touchant les sacrements comprend trois points : le premier consiste à découvrir la raison du sacrement et comment il se lie à l'ensemble de nos doctrines ; le deuxième décrit les cérémonies variées et les rites avec lesquels le sacrement s'opère ; le troisième, enfin, exprime le sens mystérieux des pratiques usitées parmi l'administration des choses saintes.

Ainsi, la fin de la hiérarchie ecclésiastique étant de nous assimiler à Dieu, il faut d'abord créer en nous la vie surnaturelle, nous enrichir d'un principe divin, capable de développement spirituel, comme tout ce qui vit. Enfantés à la grâce par le miracle d'une régénération spirituelle, nous avons besoin d'un aliment qui nous soutienne et nous perfectionne, et l'effort de notre liberté doit être d'approcher de Dieu en la proportion où Dieu daigne s'abaisser vers nous. Mais autant il importe d'aspirer et de tendre au but que la Providence fixe pour chacun de nous, autant il importe de suivre en cette course le chemin qui nous est tracé, et de respecter les limites posées par la hiérarchie ; car la volonté de Dieu est ordre comme elle est vie. Même cette soumission est la sauvegarde de la société entière, aussi bien qu'un élément de perfection pour les individus, et rien ne doit être plus scrupuleusement observé et maintenu que les droits et les devoirs respectifs des membres de la hiérarchie. Ainsi se déploient pour le bonheur de l'humanité la grâce et la liberté ; ainsi est sanctifiée notre vie ; ainsi est bénie notre mort.

Les symboles sous lesquels nous sont départis les dons divins ont une merveilleuse analogie avec les effets que nous espérons des divers sacrements. L'intelligence est réjouie et consolée quand elle entrevoit ces harmonieux rapports ; la lumière retombe en flots d'amour sur le cœur qui entre dans de saints tressaillements. Sous cette double influence, la nature humaine se perfectionne en remontant vers Dieu, qui ainsi spiritualise la matière, divinise l'esprit et se retrouve tout en tous.

CHAPITRE I :
QU'EST-CE, D'APRÈS LA TRADITION, QUE LA HIÉRARCHIE ECCLÉSIASTIQUE, ET QUEL EST SON BUT ?

I. O le meilleur de tous mes fils spirituels ! que notre hiérarchie communique une science, et une inspiration et une perfection dont la nature, le principe et les résultats sont vraiment divins, c'est ce que nous voulons démontrer, par l'autorité des saints oracles, à tous ceux qui, d'après les traditions de nos pontifes, furent jugés dignes des honneurs de l'initiation sacrée. Pour vous, ne divulguez pas indiscrètement les choses saintes ; ayez-les, au contraire, en grand respect, et honorez les mystères de Dieu par la pureté sublime des notions que vous en exposerez, les couvrant d'un voile impénétrable aux yeux des profanes et ne les faisant connaître aux saints mêmes qu'à la lumière mystique d'une explication irréprochable.

Comme notre foi le sait par l'enseignement des Écritures, Jésus, suprême et divine intelligence, et principe souverainement efficace de toute hiérarchie, sainteté et perfection, Jésus envoie aux bienheureux esprits qui sont au-dessus de nous des illuminations tout à la fois plus transcendantes et moins obscures et les façonne, autant qu'ils en sont capables, à l'image de sa propre lumière. Également, par la sainte dilection qui nous entraîne vers lui, le même Jésus calme la tempête de nos soucis dissipants, et rappelant nos âmes à l'unité parfaite de la vie divine, nous élève au sacerdoce et nous confirme dans la grâce habituelle et la fécondité permanente de ce noble ministère. Bientôt, par l'exercice des fonctions sacrées, nous approchons des anges, essayant de nous placer comme eux dans un état fixe d'immuable sainteté. De là, jetant le regard sur la divine splendeur de Jésus béni, recueillant avec respect ce qu'il nous est permis de voir, et enrichis de la science profonde des contemplations mystiques, nous pouvons être consacrés et consacrer à notre tour, recevoir la lumière et la communiquer, devenir parfaits et mener les autres à la perfection.

II. Or, quelle est la constitution hiérarchique des anges, des archanges, des saintes principautés, des vertus, des dominations, des trônes et de ces deux rangs augustes qui forment un même ordre avec les trônes, qui, d'après l'enseignement de la théologie, entourent d'une adoration perpétuelle la majesté divine, et que la langue hébraïque nomme chérubins et séraphins ; c'est ce que vous pourrez lire dans le traité que nous avons écrit touchant les différents chœurs de la milice céleste, et où nous avons célébré la hiérarchie invisible, non point, à la vérité, comme il eût convenu, mais selon notre pouvoir et en suivant les explications de la sainte Écriture. Il faut répéter cependant que toute hiérarchie, soit celle des anges, soit celle des hommes dont nous allons parler, déploie l'efficacité de ses fonctions selon une loi commune et uniforme. Ainsi, tout initiateur est d'abord sanctifié par la connaissance des sacrés mystères et, pour ainsi dire, déifié en raison de sa nature, de son aptitude et de sa dignité ; puis il transmet à ses inférieurs, autant qu'ils en sont capables, la divine ressemblance qu'il a lui-même reçue d'en haut. Ceux-ci suivent leur chef et également attirent leurs subordonnés, lesquels obéissent d'abord et puis commandent aussi à d'autres. Par suite de ces divins et harmonieux rapports, chacun, au degré qui lui est propre, entre en communion avec la beauté, la sagesse et la bonté essentielle.

Mais il faut remarquer aussi que ces sublimes natures, objet de nos précédentes investigations, sont incorporelles et leur hiérarchie invisible et céleste ; la hiérarchie humaine, au contraire, se proportionnant à notre nature, présente une foule de symboles sensibles qui servent à nous élever, selon nos forces, vers l'ineffable unité de Dieu. Les anges, substances immatérielles, connaissent Dieu et la vertu divine par l'intellection pure ; et nous, ce n'est que par le moyen de grossières images que nous pouvons arriver à la contemplation des choses saintes. A la vérité, le but auquel aspirent tous ces heureux imitateurs de Dieu est un, parfaitement un ; tous cependant ne l'atteignent pas d'une façon uniforme, mais chacun selon la vocation spéciale que les décrets divins lui ont faite.

Mais cette matière a été plus amplement développée dans mon *Traité des choses sensibles et intelligibles*. A présent, je vais exposer de mon mieux ce qu'est notre hiérarchie, son principe et sa nature, plaçant mes efforts sous la protection de Jésus, source et fin dernière de toute belle ordonnance.

III. Or, selon les doctrines augustes de la tradition, la hiérarchie, en général, est la raison complète des formes sacrées sous lesquelles elle subsiste ; ou, si l'on veut, une sorte d'argument général de ce qui constitue telle ou telle hiérarchie en particulier. Ainsi la nôtre est définie avec justesse : une fonction possédant en propre toutes les choses saintes qui la caractérisent et communiquant l'abondance de ses richesses spirituelles au hiérarque ou pontife suprême qu'elle a consacré. Car, comme en nommant la hiérarchie on comprend d'une façon sommaire tous les ordres sacrés qu'elle renferme, de même qui dit hiérarque, désigne un homme inspiré de Dieu, un homme divin, versé dans la science parfaite des mystères et en qui est résumée et brille toute la hiérarchie qu'il préside.

Le principe de la hiérarchie est la Trinité, source de vie, bonté essentielle, cause unique de tout, et qui, dans l'effusion de son amour, a communiqué à toutes choses l'être et la perfection. Dans le sein de son excellence et de sa bonté infinies, cette Trinité indivisible, dont le mode d'exister, ignoré des hommes, n'est connu que d'elle-même, nourrit le vœu de sauver toute créature intelligente, les anges et les hommes. Mais le salut n'est possible que pour les esprits déifiés, et la déification n'est que l'union et ressemblance qu'on s'efforce d'avoir avec Dieu.

Le but commun de toute hiérarchie, c'est l'amour de Dieu et des choses divines, amour généreux, céleste dans son origine, pur dans ses intentions ; c'est même, avant tout, la fuite, l'éloignement absolu de ce qui est contraire à la charité ; c'est la connaissance des choses dans la réalité de leur être, la vue et la science des vérités sacrées ; c'est enfin la participation à la simplicité ineffable de celui qui est souverainement un, et le banquet mystique de l'intuition qui nourrit et divinise l'âme contemplative.

IV. Nous disons donc que, par un décret d'amour, cette suprême béatitude qui possède la divinité par nature et y fait participer ceux qui sont dignes de cette glorieuse transformation, a établi la hiérarchie pour le salut et la déification de tous les êtres, soit raisonnables, soit purement spirituels. Seulement, pour les bienheureuses essences qui habitent les cieux, cette institution n'a rien de sensible et de corporel ; car ce n'est point par l'extérieur que Dieu les attire et les élève aux choses divines ; mais il fait étinceler au dedans d'elles-mêmes les purs rayons et les splendeurs intelligibles de son adorable volonté. Au contraire, ce qui leur est départi uniformément et pour ainsi dire en masse, nous est transmis, à nous, comme en fragments et sous la multiplicité de symboles variés dans les divins oracles. Car ce sont les divins oracles qui fondent notre hiérarchie. Et par ce mot il faut entendre non seulement ce que nos maîtres inspirés nous ont laissé dans les saintes Lettres et dans leurs écrits théologiques, mais encore ce qu'ils ont transmis à leurs disciples par une sorte d'enseignement spirituel, presque céleste, les initiant d'esprit à esprit d'une façon corporelle sans doute, puisqu'ils parlaient ; mais j'oserai dire aussi immatérielle, puisqu'ils n'écrivaient pas. Mais ces vérités devant se traduire dans les usages de l'Église, les Apôtres les ont exposées sous le voile des symboles et non pas dans leur nudité sublime, car chacun n'est pas saint ; et, comme dit l'Écriture, la science n'est pas pour tous[1].

---

[1] I Cor., VIII, 7.

V. Or, nos premiers chefs dans la hiérarchie, pleins des grâces célestes dont Dieu bienfaisant les avait comblés, reçurent de l'adorable Providence la mission d'en faire part à d'autres, et puisèrent eux-mêmes dans leur sainteté le généreux désir d'élever à la perfection et de déifier leurs frères. Pour cela, et selon de saintes ordonnances, et en des enseignements écrits et non écrits, ils nous firent entendre par des images sensibles ce qui est céleste, par la variété et la multiplicité ce qui est parfaitement un, par les choses humaines ce qui est divin, par la matière ce qui est incorporel, et par ce qui nous est familier les secrets du monde supérieur. Ils agirent ainsi d'abord à cause des profanes qui ne doivent pas même toucher les signes de nos mystères, et ensuite parce que notre hiérarchie, se proportionnant à la nature humaine, est toute symbolique et qu'il lui faut des figures matérielles pour nous élever mieux aux choses intelligibles. Toutefois, la raison des divers symboles n'est pas inconnue aux hiérarques, mais ils ne peuvent la révéler à quiconque n'a point encore reçu l'initiation parfaite ; car ils savent qu'en réglant nos mystères d'après la tradition divine, les apôtres ont divisé la hiérarchie en ordres fixes et inviolables et en fonctions sacrées qui se confèrent d'après le mérite de chacun. C'est pourquoi, plein de confiance en vos religieuses promesses (car il est pieux de vous les rappeler), je vous ai appris ce devoir et d'autres secrets semblables, et je compte que vous ne manifesterez les hautes explications de nos cérémonies qu'aux pontifes vos collègues, et que vous leur ferez faire le serment traditionnel de traiter purement les choses pures et de ne communiquer qu'aux hommes divins les choses divines, et aux parfaits les choses parfaites, et aux saints les choses saintes.

CHAPITRE II :
DES CÉRÉMONIES QUI S'OBSERVENT
DANS L'ILLUMINATION, OU BAPTÊME

PREMIÈRE PARTIE

Ainsi qu'il a été dit, le but de notre hiérarchie est donc de nous assimiler et de nous unir à Dieu autant qu'il est possible : glorieuse transformation qui s'opère en nous, comme l'enseigne la parole sainte, par l'amour et l'observance des divins commandements ; car qui m'aime, est-il dit, gardera ma parole, et mon Père l'aimera, et nous viendrons à lui et ferons notre demeure en lui[2].

Mais par où doit commencer l'accomplissement des augustes préceptes ? Le commencement est sans doute de former dans l'âme ces habitudes qui la disposent à recevoir et à exécuter le reste des enseignements sacrés, de lui ouvrir la route qui mène à l'héritage céleste, de lui conférer une sainte et divine régénération. Car, comme disait notre illustre maître, le premier mouvement de l'âme vers les choses célestes, c'est l'amour de Dieu, et le premier pas dans la voie des commandements, c'est cette régénération ineffable qui introduit dans notre être un principe divin. Or, comme c'est ce principe qui détermine en nous une vie divine, celui qui ne l'a pas encore reçu, ne pourra ni connaître ni accomplir les célestes préceptes. De même, humainement parlant, ne faut-il pas que l'existence précède en nous l'action, puisque ce qui n'est pas n'a ni mouvement ni subsistance même, et que ce qui a l'être, à quelque degré que ce soit, n'est actif et passif que dans les limites de sa propre nature ? Cela me paraît évident.

Contemplons maintenant les symboles du sacrement de la divine régénération. Mais que nul profane ne hasarde ici un regard téméraire ; car des yeux débiles ne se fixeraient pas impunément sur le soleil, et il est dangereux de toucher aux choses qui nous dépassent, la sainte hiérarchie de l'ancienne Loi réprouvant Ozias parce qu'il usurpe les droits lévitiques, Coré parce qu'il s'immisce dans les fonctions d'un ordre supérieur, Nadab, et Abiud parce qu'ils ne remplissent pas saintement leur légitime ministère.

---

[2] Jean, XIV, 23.

11

Deuxième partie
Rites et Cérémonies de l'illumination

I. Le pontife qui, toujours appliqué à imiter Dieu, voudrait que tous les hommes fussent sauvés[3], et vinssent à la connaissance de la vérité, annonce à tous la bonne nouvelle, et leur fait savoir que Dieu, naturellement bon et favorable à ses créatures, a daigné, dans l'excès de son amour, s'abaisser jusqu'à l'humanité, et que pareil à un feu dévorant, il s'unit à nous, pour nous transformer en lui, autant que chacun est digne de ce glorieux commerce. « Car à tous ceux qui le reçurent, il a donné le pouvoir de devenir enfants de Dieu ; à ceux qui croient en son nom, qui ne sont pas nés du sang, ni de la volonté de la chair, mais de Dieu[4]. »

II. Or, celui que presse le saint désir de participer à ces biens célestes, va d'abord trouver quelque initié, et en réclame instamment l'honneur d'être présenté au hiérarque ; il lui promet ensuite d'obéir à toutes les prescriptions, et le conjure de procurer son admission, et de veiller désormais sur sa conduite. Le chrétien est pieusement avide du salut de ce solliciteur ; mais balançant la pesanteur du fardeau qu'on lui impose avec la faiblesse humaine, il est saisi d'anxiété et de religieuse frayeur ; à la fin cependant il consent avec charité à faire ce qu'on lui demande, et prenant son protégé, le conduit au pontife.

III. Le pontife accueille avec joie ces deux hommes, comme le pasteur qui rapporte sur ses épaules la brebis perdue ; et, par de mentales actions de grâces et des signes corporels d'adoration, il révère et bénit le seul principe de toute chose bonne, par qui sont appelés ceux qui sont appelés, et sauvés ceux qui sont sauvés.

IV. Puis il convoque au lien saint tous les membres de la hiérarchie pour coopérer au salut de cet homme, et s'en réjouir et en rendre grâces à la divine bonté. Il commence par chanter avec tout le clergé quelque hymne tirée des Écritures ; ensuite il baise l'autel sacré s'approche du catéchumène, et lui demande quel est son désir.

V. Celui-ci, conformément aux instructions de son introducteur, s'accuse avec

---

[3] I Tim., II, 4.
[4] Jean, I, 12.

amour de Dieu de son infidélité passée, de l'ignorance où il était du vrai bien, et de n'avoir pas fait les œuvres d'une vie divine ; et il demande à être admis par la médiation du pontife à la participation de Dieu et des choses saintes. Le pontife alors lui apprend que Dieu très pur, et infiniment parfait veut qu'on se donne à lui complètement et sans réserve ; et exposant les préceptes qui règlent la vie chrétienne, il l'interroge sur sa volonté de les suivre. Après la réponse affirmative du postulant, le pontife lui pose la main sur la tête, le munit du signe de la croix, et ordonne aux prêtres d'enregistrer les noms du filleul et du parrain.

VI. Après cette formalité, une sainte prière commence ; quand l'Église entière avec son pontife l'a terminée, les diacres délient la ceinture et ôtent le vêtement du catéchumène. L'hiérarque le place en face de l'occident, les mains dressées en signe d'anathème contre cette légion de ténèbres, et lui ordonne de souffler sur Satan par trois fois, et de prononcer les paroles d'abjuration. Trois fois le pontife les proclame, trois fois le futur initié les répète. Alors le pontife le tourne vers l'orient, lui faisant lever au ciel les yeux et les mains, et lui commande de s'enrôler sous l'étendard du Christ et d'adhérer aux enseignements sacrés qui nous sont venus de Dieu.

VII. Ensuite vient la profession de foi ; le pontife en lit la formule à trois reprises, et lorsqu'elle a été répétée autant de fois par le catéchumène, il le bénit parmi de saintes oraisons, et lui impose les mains. De leur côté, les diacres achèvent de le dépouiller de ses vêtements, et les prêtres apportent l'huile sainte. Il reçoit d'abord une triple onction des mains de l'initiateur suprême, puis les prêtres, continuent d'oindre le reste de son corps. Cependant, l'initiateur se rend vers la fontaine, mère de l'adoption ; il en purifie les eaux par des invocations religieuses, et les sanctifie par une triple effusion de l'huile bénite, faite en forme de croix ; il chante trois fois aussi un cantique dicté par le Saint-Esprit, mystérieux auteur de l'inspiration prophétique. Il ordonne qu'on lui amène le disciple. Un ministre proclame le nom du parrain et du pupille. Celui-ci, conduit par les prêtres vers la fontaine salutaire est remis entre les mains du hiérarque, qui se tient debout en un lieu plus élevé. Là le nom de l'initié est publié de nouveau. Alors, le pontife le baptise, le plongeant trois fois dans l'eau, et l'en retirant trois fois, et invoquant les trois personnes de la divine béatitude. Les prêtres reçoivent le baptisé, et le remettent à son introducteur et patron : tous ensemble, ils le revêtent d'une robe blanche digne de son nouvel état et le conduisent encore au pontife, qui le fortifie par l'onction d'un baume consacré et le déclare digne de participer désormais au bienfait souverain de la sainte Eucharistie.

VIII. Ces cérémonies achevées, le pontife qui, en les accomplissant, descend, pour ainsi dire, à des choses secondaires, est bientôt rappelé à la contemplation des choses les plus élevées ; car en aucun temps, en aucune manière, il ne doit se fixer en ce qui le détournerait de ses hautes fonctions, mais bien, sous l'influence du Saint-Esprit, passer avec une infatigable ardeur de ce qui est divin à ce qui est également divin.

TROISIÈME PARTIE
CONTEMPLATION

I. Tels sont les symboles matériels qui cachent le mystère de notre régénération divine. Or, ces symboles n'ont rien de profane ni d'inconvenant ; mais ils offrent, comme en un miroir matériel et accessible aux regards humains, l'objet énigmatique de sublimes contemplations. Et qu'y verrait-on de défectueux, même abstraction faite de la plus auguste raison qui explique ce sacrement, puisque par la seule persuasion et par l'institution divine, il opère la sainteté en ceux qui s'en approchent, et que par l'ablution naturelle du corps, il leur rappelle d'une manière sensible que la vie coupable doit être expiée par une vie vertueuse et divine ? Quand donc il n'y aurait rien de plus divin dans les signes qui voilent cette initiation mystérieuse, même alors je la trouverais pleine de religieuse décence ; car elle forme aux habitudes d'une conduite irréprochable, et en purifiant le corps par l'eau, elle exprime symboliquement le dépouillement total des fautes antérieures.

II. Ceci soit dit par manière d'introduction à l'usage des âmes imparfaites ; car il est bon de séparer les choses vulgaires de ce qui est saint et déifique, et de donner aux divers ordres une explication proportionnée à leurs forces respectives. Pour nous, il faut nous élever par une sorte d'ascension spirituelle jusqu'aux principes des sacrements ; et dans la connaissance précieuse qui nous en viendra, nous verrons de quels types ils sont l'empreinte, et quels secrets augustes ils expriment. Car, comme il a été clairement expliqué dans notre discours touchant la matière et l'intelligible, les choses sacrées que les sens perçoivent sont les tableaux de celles qu'ils ne perçoivent pas, le guide et le chemin qui y conduisent ; et celles-ci sont le principe radical et l'explication des formes visibles de notre hiérarchie.

III. Entrons maintenant dans notre contemplation. La douce et bienheureuse nature de Dieu, du sein de sa constante immutabilité, laisse tomber sur les intelligences les salutaires rayons de sa lumière. Si, par l'abus de sa liberté, l'intelligence se détourne ; si, éprise du mal, elle tient scellée pour ainsi dire sa naturelle faculté de voir ; si elle se soustrait à l'action de la lumière, la lumière ne l'abandonne pas pour cela, mais elle continue à luire sur cette âme malade, et court se placer avec bonté sous son regard indocile. Si l'intelligence, mécontente de sa portion respective du bienfait divin, essaie de franchir les bornes que Dieu lui a fixées ; si elle s'applique témérairement à contempler des splendeurs qui la surpassent, sans doute la lumière ne cessera pas pour cela de verser ses flots ; mais l'âme s'ingérant avec imperfection dans les choses parfaites ni n'obtiendra ce qui ne lui fut point destiné, ni même ne conservera, à cause de son fol orgueil, ce qui lui avait été départi. Toutefois, comme je l'ai dit, la bienfaisante lumière étincelle sans cesse sur tous les esprits ; toujours présente, toujours préparée à se communiquer avec une libéralité divine, il leur est libre de la recevoir.

Et l'hiérarque se façonne à imiter cette sublime leçon. Il répand généreusement l'éclatante splendeur des divins enseignements ; à l'exemple de la divinité, il se montre toujours prêt à éclairer quiconque le désire ; son cœur est sans jalousie, ses lèvres n'ont pas d'amers reproches pour ceux qui combattirent la lumière, ou l'ambitionnèrent sans humilité ; il fait luire devant tous ceux qui viennent à lui, le flambeau de la doctrine pontificale avec je ne sais quoi de divin et de parfaitement ordonné, et dans la mesure qui convient aux besoins de chaque intelligence.

IV. Or, parce que Dieu est le principe de cette sainte institution qui apprend aux âmes à se connaître elles-mêmes, quiconque voudra considérer sa propre nature, saura d'abord ce qu'il est ; et telle sera la première et douce récompense de son docile amour pour la lumière : devant cette contemplation de lui-même faite d'un œil tranquille et pur, les épaisses ténèbres de son ignorance se dissiperont. Il est vrai que, dans son imperfection, il ne se prendra pas à désirer déjà le bonheur de participer et de s'unir à Dieu ; mais passant successivement du bien au mieux, du mieux à ce qui est plus saint encore, et consommant son initiation, il s'élèvera pieusement, et selon l'ordre, jusqu'au sein de la majesté infinie. Le symbole de cette dépendance si bien ordonnée se trouve dans le respect craintif du catéchumène, et dans la conscience qu'il a de sa faiblesse : c'est pourquoi il réclame un patron qui veuille le présenter au pontife. Ainsi préparé, l'éternelle béatitude daigne se communiquer à lui ; elle le marque, pour ainsi dire, du sceau de sa lumière, le divinise, et le rend digne de l'héritage céleste et de la société des élus. Tout ceci est figuré par le signe de croix qui est fait sur le baptisé, et par l'inscription de son nom sur le livre sacré parmi les noms de ceux qui sont appelés au salut. Du reste, figurent ensemble sur cette liste l'initié et celui par lequel il fut amené à la vérité et à la vie : l'un comme disciple affectueux et fidèle d'un maître bienveillant et pieux, l'autre comme guide assuré qui ne s'écartera pas des voies que Dieu a tracées.

V. Mais il est impossible que les contraires se réunissent dans un même sujet ; et celui qui est en communion avec l'unité, s'il tient à se maintenir dans cet heureux état, ne saurait vivre en même temps d'une vie opposée : qu'il se sépare donc absolument de ce qui pourrait rompre l'unité. C'est ce qui est mystérieusement enseigné par les cérémonies du baptême, où le catéchumène est dépouillé, pour ainsi dire, de sa vie antérieure et arraché sans pitié à toutes ses affections : car sans vêtements, sans chaussure, placé en face de l'occident, il étend les mains pour renier toute participation avec la malice et les ténèbres, il semble repousser de son souffle les habitudes d'iniquité précédemment contractées, il renonce solennellement à tout ce qui pourrait empêcher sa sanctification. Ainsi affranchi du vice, et rendu à une pureté complète, on le tourne vers l'orient, lui faisant entendre que, par la fuite absolue du mal, il sera digne d'habiter la région de la lumière et de contempler les divines splendeurs. Puis ramené au principe d'unité, on reçoit avec confiance les protestations sacrées qu'il fait de se rapprocher de cette unité par tous ses efforts. Effectivement, et ceci sans doute est manifeste pour tous ceux qui sont versés dans la science de nos mystères, c'est seulement par de généreux et continuels élans vers l'unité, par la mortification et l'anéantissement de tout ce qui lui est contraire, que les intelligences se constituent dans un état d'inébranlable perfection. Car ce n'est pas assez de fuir l'iniquité, on doit encore déployer l'énergie d'un mâle courage, et lutter avec persévérance contre la tentation d'un funeste relâchement ; bien loin de laisser l'amour de la vérité se refroidir jamais, il faut tendre vers elle, autant qu'on le peut, par un magnanime et éternel désir, et travailler à s'élever sans cesse jusqu'à la sublimité de la perfection divine.

VI. Or, vous trouverez ces enseignements heureusement symbolisés dans les cérémonies de l'initiation sacramentelle. Car le divin hiérarque commence, et après lui les prêtres achèvent l'onction sainte sur le corps de l'initié, comme si par cette figure ils l'appelaient aux combats dans lesquels il doit s'exercer sous la présidence du Christ. Car c'est Jésus-Christ qui, en tant que Dieu, a institué ces combats ; sage, il a réglé les conditions du succès ; magnifique, il a préparé aux vainqueurs de nobles prix. Il y a quelque chose de plus merveilleux : parce qu'il est bon, Jésus-Christ entre en lice avec les athlètes, combattant pour leur liberté et leur triomphe contre l'empire de la corruption et de la mort. L'initié courra donc gaîment à ces luttes, car elles sont divines ; il restera fidèle, constamment fidèle, aux sages ordonnances qui règlent son courage, soutenu par le ferme espoir de récompenses éclatantes, et rangé sous la discipline de son bon Seigneur et chef. Ainsi marchant sur les traces divines de celui qui daigna être le premier athlète, il vaincra, comme son maître, les malins esprits et les penchants déréglés, durs ennemis du salut, et mourra avec Jésus-Christ de cette mort mystique qui tue le péché dans le baptême.

VII. Et ici, observez avec quelle justesse les symboles sont adaptés aux sacrements. Ainsi parce que la mort n'est pas une destruction de notre substance, comme l'ont imaginé quelques-uns, mais simplement une séparation de principes d'abord réunis, et qui cessent désormais d'apparaître, l'âme n'accusant plus sa présence, depuis qu'elle a quitté le corps, et le corps confié à la terre et soumis à des altérations successives ne gardant plus aucune trace de sa forme première ; pour cette raison, dis-je, la mort et la sépulture sont assez bien représentées par l'immersion complète du corps dans l'eau baptismale. Lors donc qu'au baptême, trois fois on plonge dans l'eau, et trois fois on en retire le catéchumène, on lui fait entendre par cet enseignement saintement figuratif qu'il retrace les trois jours et les trois nuits que Jésus, l'auteur de la vie, passa dans le tombeau après sa mort ; si l'on peut dire toutefois que l'homme retrace celui en qui le prince de ce monde ne trouva rien qui lui appartint, selon la parole mystérieuse et profonde de nos oracles [5].

VIII. Ensuite on donne au nouveau chrétien les habits d'éclatante blancheur ; car échappant par une ferme et divine constance aux attaques des passions, et aspirant avec ardeur à l'unité, ce qu'il avait de déréglé rentre dans l'ordre, ce qu'il avait de défectueux s'embellit, et il resplendit de toute la lumière d'une pure et sainte vie.

Sous l'onction de l'huile bénite, le baptisé répand une suave odeur ; car celui qui reçoit le sacrement de la régénération est uni par là même au Saint-Esprit. Mais je laisse aux âmes qui furent jugées dignes d'un auguste et pieux commerce avec cet esprit divin, de connaître et d'entendre ce que c'est que cette visite ineffable de la majesté céleste, dans laquelle l'homme se trouve embaumé d'un parfum spirituel, et élevé à la perfection.

---

[5] Jean, 14, 30.

Enfin, le pontife convie l'initié à la très sainte Eucharistie, et le fait entrer en participation de ce mystère qui opère si efficacement la sainteté.

CHAPITRE III :
DES CÉRÉMONIES QUI S'ACCOMPLISSENT
DANS L'EUCHARISTIE

Première partie

Mais puisque nous avons nommé l'Eucharistie, il ne convient pas de passer outre, pour louer quelque mystère, avant celui-là ; car, comme disait notre illustre maître, c'est le sacrement des sacrements. Or il nous faut débuter par la description des cérémonies qui s'y pratiquent, et puis, fondé sur l'enseignement pontifical et l'autorité des Écritures, nous élever, avec l'assistance du Saint-Esprit, à la contemplation spirituelle de cette divine institution.

Et d'abord, recherchons pieusement pour quelle raison ce qui est commun à tous les autres sacrements de l'Église, est attribué par excellence à celui-ci ; pour quelle raison on le nomme spécialement communion et synaxe, quand tous également ont pour but de ramener à la simplicité de la perfection divine la multiplicité de nos affections partagées, et de nous mettre en communion intime avec l'unité, par cette sainte récollection de nos facultés si distraites. Or, nous disons que les autres sacrements reçoivent leur complément et leur perfection des riches trésors et de l'adorable sainteté de celui-ci. Car il n'est guère d'usage qu'aucune de ces augustes cérémonies se célèbre, sans que la très sainte Eucharistie, achevant l'œuvre commencée, ne vienne élever l'initié vers Dieu, et par la grâce ineffable du mystère parfait, opérer son union avec l'adorable unité. Si donc les autres sacrements demeurent comme incomplets sans celui-ci, et n'établissent point entre l'unité et nous une sainte et intime union, ne pouvant communiquer une vertu qu'ils n'ont pas ; si la fin essentielle de tous les sacrements est de préparer celui qui les reçoit à la participation de la très divine Eucharistie ; il faut convenir que nos pontifes, en l'appelant synaxe, lui ont donné un nom tiré de la nature des choses, et qui convient merveilleusement. C'est ainsi qu'avec une justesse parfaite le sacrement de la divine renaissance a été nommé l'illumination, précisément parce qu'il initie l'homme à la lumière et qu'il est pour nous le commencement des illuminations célestes. Car quoiqu'il appartienne à toutes institutions sacramentelles de communiquer la lumière divine, toutefois c'est le baptême qui m'a, pour ainsi dire, ouvert les yeux, et c'est par la lumière auguste qu'il m'a donnée que je m'élève à la contemplation des autres saints mystères.

Il fallait dire ces choses avant de fixer le regard de notre attention sur chacun des rites qui s'observent en la célébration de l'Eucharistie, et sur leur signification profonde.

DEUXIÈME PARTIE
MYSTÈRE DE LA COMMUNION OU SYNAXE

L'hiérarque, après avoir prié au pied de l'autel sacré, l'encense d'abord, puis fait le tour du temple saint. Revenu à l'autel, il commence le chant des psaumes que tous les ordres ecclésiastiques continuent avec lui. Après cela, des ministres inférieurs lisent les très saintes Écritures, et ensuite on fait sortir de l'enceinte sacrée les catéchumènes, et avec eux les énergumènes et les pénitents ; ceux-là restent seuls qui sont dignes de contempler et de recevoir les divins mystères. Pour le reste des ministres subalternes, ceux-ci se tiennent auprès des portes fermées du saint lieu ; ceux-là remplissent quelque autre fonction de leur ordre. Les plus élevés d'entre eux, les diacres s'unissent aux prêtres pour présenter sur l'autel le pain sacré et le calice de bénédiction, après toutefois qu'a été chantée par l'assemblée entière la profession de la foi. Alors le pontife achève les prières, et souhaite à tous la paix ; et tous s'étant donné mutuellement le saint baiser, on récite les noms inscrits sur les sacrés diptyques. Ayant tous purifié leurs mains, l'hiérarque prend place au milieu de l'autel, et les prêtres l'entourent avec les diacres désignés. L'hiérarque bénit Dieu de ses œuvres merveilleuses, consacre les mystères augustes, et les offre à la vue du peuple sous les symboles vénérables qui les cachent. Et quand il a ainsi présenté les dons précieux de la divinité, il se dispose à la communion, et y convie les autres. L'ayant reçue et distribuée, il termine par une pieuse action de grâces. Et tandis que le vulgaire n'a considéré que les voiles sensibles du mystère, lui, toujours uni à l'Esprit saint, s'est élevé jusqu'aux types intellectuels des cérémonies, dans la douceur d'une contemplation sublime, et avec la pureté qui convient à la gloire de la dignité pontificale.

TROISIÈME PARTIE
CONTEMPLATION

I. Et maintenant, mon fils, après avoir décrit par ordre les cérémonies figuratives, et avant de vous élever à la sublimité de leurs archétypes, il faut me proportionner aux âmes encore imparfaites, et les consoler par cette remarque, qu'elles peuvent tirer profit de l'institution de ces pieux symboles, quand même elles n'en considèrent que l'extérieur et l'écorce. Car les saints cantiques et la lecture des divins oracles leur apprennent les préceptes de la vertu, et qu'il faut se purifier entièrement de la corruption du péché. La participation commune et pacifique à un seul et même pain sacré, et à un seul et même calice, impose à tous une mutuelle concorde, comme elle transmet à tous une vie identique ; et elle leur rappelle ce divin banquet où furent célébrés pour la première fois ces mystères, et où l'auteur même de ce sacrement n'y laissa point participer l'apôtre indigne qui avait fait la cène sans pureté, sans esprit de conformité avec le Seigneur. Et de là ressort cette mémorable et sainte instruction, qu'il faut s'approcher des choses divines par la foi et avec la charité, pour obtenir d'être transformé en les recevant.

II. Mais, ainsi que je l'ai dit, ces considérations ressemblent à des tableaux qui ornent le vestibule du temple. Laissons-les aux esprits dont l'initiation n'est pas encore parfaite ; et nous, remontons de l'effet à la cause. Là, guidés par la lumière de Jésus, nous contemplerons le magnifique spectacle que présentent les idées archétypes de notre communion sacramentelle, et la céleste beauté dont elles brillent nous réjouira. Mais, ô très saint et très divin sacrement, soulevez ces voiles énigmatiques sous lesquels vous êtes mystérieusement caché ; montrez-vous à découvert, et remplissez l'œil de notre entendement des flots de votre pure lumière.

III. Il nous faut donc pénétrer dans le sanctuaire, pour ainsi dire, et recherchant le sens profond du premier de ces symboles, en considérer la beauté infinie, il nous faut voir pourquoi le hiérarque quitte le saint autel, va jusqu'aux portes du temple répandre le parfum de l'encens, et revient enfin à la place d'où il était parti. Or, quoique la souveraine et bienheureuse nature de Dieu s'incline vers les créatures pour leur communiquer les trésors de sa bonté, cependant elle ne sort pas de cette ferme et constante immutabilité qui la caractérise et tout en versant ses splendeurs sur les esprits déifiés, au degré qui leur convient, elle persiste dans un état d'identité parfaite : de même donc le sacrement de la divine Eucharistie : un, simple, indivisible dans son principe, il revêt, dans l'intérêt de l'humanité, différents symboles et se cache sous toutes les formes extérieures qui nous représentent la divinité ; et toutefois, ces signes multiples se ramènent invariablement à une unité radicale, vers laquelle sont attirés aussi ceux qui reçoivent saintement ce mystère. De même encore notre hiérarque : car quoique, dans sa charité, il fasse part à ses inférieurs du trésor de la science pontificale, dont il cache la simplicité pure sous la variété de cérémonies énigmatiques ; néanmoins libre, et ne contractant dans le commerce des choses inférieures aucune souillure, il se ramène en Dieu qui est son principe, et faisant son entrée spirituelle dans l'unité, il voit clairement les raisons divines des mystères qu'il accomplit ; et de la sorte, le terme de son abaissement plein de condescendance vers les choses subalternes devient le commencement d'un retour plus parfait vers les choses supérieures.

IV. Mais le chant sacré des Écritures qui entre pour ainsi dire, dans l'essence de tous nos sacrements, devait se retrouver dans le plus auguste de tous. Car que voit-on dans les livres inspirés de la sainte Écriture ? on y voit Dieu créateur et ordonnateur de toutes choses ; on y voit les prescriptions religieuses et politiques de Moïse ; la conquête et le partage des terres données au peuple choisi ; la prudence des juges, la sagesse des rois et la sainteté des pontifes ; la philosophie magnanime de ces anciens personnages que n'ébranlèrent pas des accidents et nombreux et variés ; les saints enseignements qui règlent ce que nous devons faire, et les cantiques, et la sublime peinture du divin amour, et les manifestations prophétiques de l'avenir, et les actions merveilleuses de l'Homme-Dieu, et les doctrines et les institutions, aussi divines dans leurs effets que dans leur principe, qui nous furent laissées par les apôtres, et la profonde et mystérieuse vision du divin et bien-aimé disciple, et l'auguste théologie de Jésus. Voilà ce que l'Écriture enseigne à quiconque veut être déifié ; voilà ce qu'elle confirme en le mêlant à tous les sacrements par lesquels nous sommes élevés à la divine ressemblance. Ainsi donc, ces chants sacrés qui ont pour but de célébrer les œuvres et les paroles de Dieu, de louer les discours et les actions des saints, forment comme un hymne général où sont exposées les choses divines, et opèrent, en ceux qui les récitent saintement, une heureuse disposition soit à conférer, soit à recevoir les divers sacrements de l'Église.

V. Quand donc, par les charmes de l'harmonie, le cantique des vérités sacrées aura préparé les puissances de notre âme à la célébration immédiate des mystères, et que les ayant soumises, pour ainsi dire, dans l'entraînement de ce concert, aux cadences d'un unanime et divin transport, elle nous aura accordé avec Dieu, avec nos frères et avec nous-mêmes, alors ce que les chants pieux n'offraient qu'en raccourci et sous l'ombre des figures, la lecture des saintes Lettres le développera heureusement en des tableaux et des récits plus larges et plus manifestes. Là, le regard du contemplateur religieux verra toutes choses concourir à une parfaite unité, sous l'influence d'un seul esprit, et c'est pour cela sans doute qu'on a établi cet ordre de lire d'abord l'Ancien Testament, puis la Nouvelle Alliance, notre divine hiérarchie enseignant par là, je pense, que l'un a prédit la vie du Sauveur, et que l'autre la raconte ; que l'un a peint la vérité sous des symboles, et que l'autre la montre dans sa réalité : car les prophéties de l'ancienne loi se trouvent vérifiées par les événements de la loi nouvelle, et les paroles que Dieu prononce dans la première sont résumées par les actions qu'il fait dans la seconde.

VI. Or, ceux qui ont fermé l'oreille à la trompette évangélique ne doivent pas même contempler les symboles de nos sacrés mystères, puisqu'ils ont dédaigné de recevoir le salutaire sacrement de la régénération divine, opposant aux paroles saintes ce lamentable refus : « Je ne veux pas connaître vos voies [6]. » Quant aux catéchumènes, aux énergumènes, aux pénitents, la loi de notre hiérarchie leur permet bien d'entendre le chant des cantiques et la lecture des saintes Lettres ; mais elle les exclut du sacrifice et de la vue des choses saintes, que l'œil pur des parfaits doit seul contempler. Car, reflet de Dieu, et remplie d'une souveraine équité, la hiérarchie se réglant avec un pieux discernement sur le mérite des sujets, les appelle à la participation des dons divins chacun en son temps et dans la proportion convenable. Or, les catéchumènes ne sont qu'au dernier rang ; car jusqu'alors ils n'ont reçu aucun sacrement, et ne sont point élevés à ce divin état que donne la naissance spirituelle ; mais ils sont encore portés, pour ainsi dire, dans les entrailles de ceux qui les instruisent ; là, leur organisation se forme et se parfait, tant qu'enfin arrive cet heureux enfantement qui leur communique vie et lumière. De même que, dans l'ordre naturel, si le fruit encore imparfait et informe échappe avant le temps à sa prison de chair, et si, triste avorton, il est précipité à terre sans connaissance, pour ainsi dire, sans vie, sans lumière, personne assurément ne jugera ici d'après la seule apparence ; personne ne dira que cet enfant est venu au jour, parce qu'il est sorti des ténèbres du sein maternel : car, comme enseigne la médecine si versée dans la science de notre organisme, la lumière tombe en vain sur les sujets qui ne peuvent la recevoir. Ainsi, dans les choses sacrées, la science sacerdotale façonne d'abord et prépare à la vie les catéchumènes par l'aliment des Écritures, et voilà la conception spirituelle ; puis elle les porte jusqu'au temps de l'enfantement divin, et alors elle leur communique les dons salutaires de la lumière et de la perfection. C'est donc pour cela qu'elle éloigne les imparfaits des choses parfaites, veillant ainsi au respect des mystères et environnant des soins prescrits par la hiérarchie la génération et l'enfantement des catéchumènes.

---

[6] Job, XXI, 14.

VII. La foule des énergumènes est traitée comme immonde aussi ; toutefois, elle tient le second rang, et ainsi précède les catéchumènes qui sont les derniers. Car je ne pense pas qu'il faille mettre sur la même ligne ceux qui ne furent point initiés, qui demeurent encore étrangers aux choses saintes, et ceux qui, ayant déjà participé à quelque sacrement, se débattent encore sous le joug des voluptés de la chair et des passions de l'esprit ; bien qu'on refuse à ceux-ci l'honneur de contempler et de recevoir les sacrés mystères, et cela pour une haute raison. Effectivement l'homme vraiment divin, et digne de participer aux choses divines, et qui, se transformant par les pratiques de la perfection, s'élève jusqu'à la plus haute conformité qu'il puisse avoir avec Dieu ; l'homme qui ne s'occupe de sa chair que quand la nature l'exige et comme un passant, et qui, temple et compagnon fidèle du Saint-Esprit, s'applique de tous ses efforts à lui ressembler, préparant à ce qui est divin une demeure divine, cet homme, dis-je, ne sera jamais tourmenté par les illusions et les terreurs diaboliques ; au contraire, il s'en rira, il repoussera leur attaque ; plus actif que passif vis-à-vis d'elles, il les poursuivra victorieusement, et par la force de son courage inaccessible aux passions, il délivrera ses frères de l'influence des malins esprits. Aussi je pense, ou mieux je suis parfaitement convaincu que nos hiérarques, dans leur sagesse consommée, regardent comme soumis à la plus désastreuse des possessions, ceux qui, apostats de la vie divine, se rangent aux sentiments et habitudes des démons, et qui, victimes de leur folie extrême, se détournent des seuls vrais biens, des biens impérissables et éternellement doux, pour ambitionner et conquérir je ne sais quoi de matériel, plein d'instabilité et de troubles immenses, des plaisirs hideux et corrupteurs, et pour demander à des choses fugitives et étrangères quelque joie apparente, mais non pas réelle. C'est pourquoi la réprobation du ministre chargé de faire le discernement tombe d'abord et spécialement sur ceux-ci, plutôt que sur les énergumènes ; car il ne convient pas qu'il leur soit rien communiqué des choses saintes, si ce n'est la doctrine des Écritures qui peut les ramener à de meilleurs sentiments. Et en effet, si l'auguste mystère qui se célèbre, accessible seulement à ce qui est pur et saint, repousse les pénitents qui cependant y ont déjà participé ; s'il prononce que, dans sa sublimité, il ne doit être ni contemplé, ni reçu par ceux que l'imperfection empêche encore de s'élever jusqu'à la hauteur de la divine ressemblance (car cette parole très pure frappe quiconque ne peut s'unir aux hommes jugés dignes de la communion) ; à plus forte raison, cette multitude que tourmentent les passions mauvaises sera estimée profane, sera privée de la vue et de la réception des choses saintes.

Quand donc on aura exclu du temple et du sacrifice dont ils sont indignes, et ceux qui n'ont pas encore été appelés à la grâce de l'initiation, et ensuite les transfuges de la vertu, et puis ceux qui se laissent aller mollement aux frayeurs et illusions des démons ennemis, n'ayant pas encore atteint l'efficace et inébranlable vertu de l'état divin par une ferme et constante application aux choses du ciel ; et ceux qui, sortis de la vie du péché, en conservent les impures imaginations, parce qu'ils n'ont pas encore contracté l'habitude d'un saint et divin amour ; et enfin ceux qui ne sont pas réunis parfaitement à l'unité et auxquels, pour employer les termes de la loi, il reste encore quelque tache, quelque souillure : après cela, dis-je, les ministres sacrés et les pieux assistants contemplent avec respect le mystère sacré, et dans une commune louange, célèbrent le souverain auteur et distributeur de tout bien, par lequel nous furent accordés ces sacrements salutaires qui opèrent la sainteté et la déification des initiés. Ce cantique, les uns l'appellent hymne de louange, les autres, symbole de la religion ; on l'a nommé plus divinement selon moi, très sainte Eucharistie ou action de grâce, parce qu'elle renferme tous les dons que Dieu a fait descendre sur nous. Car on voit que toutes les œuvres divines que nous célébrons en cette rencontre se sont accomplies pour nous. Ainsi Dieu nous a libéralement conféré l'existence et la vie ; il forme ce que nous avons de divin sur le type de ses beautés ineffables, il nous perfectionne, nous élève à une sainteté plus sublime ; voyant en pitié l'indigence spirituelle où nous sommes tombés par notre faute, il nous rappelle par des grâces régénératrices à la splendeur de nos premières destinées ; il daigne prendre les infirmités de notre nature pour nous communiquer les perfections de la sienne, et nous fait présent de ses propres richesses et de sa divinité même.

VIII. Étant achevé cet hymne à l'amour de notre Dieu, le pain sacré est couvert d'un voile, puis présenté avec le calice de bénédiction. On se donne ensuite le saint baiser et l'on récite pieusement les noms inscrits dans les diptyques.

Ceux-là ne peuvent se ramener à l'unité ni entrer avec elle en un pacifique et intime commerce, qui sont divisés avec eux-mêmes. Effectivement, si, touchés par les rayons qui viennent de l'unité et contemplée et connue, nous savions nous précipiter et nous perdre en Dieu, unité souveraine, nous ne laisserions point aller nos âmes en ces convoitises qui la partagent et qui lui font concevoir contre nos semblables ces inimitiés pleines de chair et de sang et de passion. Je crois donc, d'après cela, que cette cérémonie de la paix tend à établir en nous une vie d'unité parfaite, rapprochant ainsi les choses qui se ressemblent et ravissant à ceux qui sont en proie à la division le spectacle de cette union toute divine.

IX. La récitation des sacrés diptyques, qui se fait après la paix donnée, est comme un éloge de ceux qui se sont gardés purs et saints, et qui sont arrivés par la persévérance jusqu'au terme de la vie parfaite. Ainsi sommes-nous excités et conduits par leur exemple à ce bienheureux état et à ce repos divin dont ils jouissent; ainsi sont-ils célébrés eux-mêmes comme des héros vivants; car, selon l'enseignement de la théologie, ils ne sont pas morts, mais ils sont passés à une vie plus parfaite. Remarquez encore que, si leurs noms sont inscrits dans les saints registres, ce n'est pas que la mémoire de Dieu ait besoin, comme celle des hommes, d'un signe qui la réveille, mais c'est pour faire entendre pieusement que le Seigneur conserve une affectueuse et impérissable connaissance de quiconque s'est déifié par la vertu. «Car il connaît ceux qui sont à lui, dit l'Écriture[7];» et ailleurs: «La mort de ses saints est précieuse devant lui[8],» la mort se prenant ici pour la consommation en la sainteté. Observez enfin qu'après avoir déposé sur l'autel les symboles sacrés sous lesquels le Christ se voile et se communique, on y place en même temps cette liste des noms des saints pour montrer qu'ils sont joints à lui, inséparablement joints dans la sainteté d'une céleste union.

Ces cérémonies achevées, comme nous venons de dire, le pontife se tient debout en face des symboles sacrés; puis, avec tout l'ordre sacerdotal, il se purifie les doigts. Car, pour employer le langage des Écritures, celui qui sort du bain n'a plus besoin que d'une légère ablution[9]. Par cette dernière et complète purification, il deviendra l'image de la très pure divinité. Alors, il pourra s'incliner avec bonté vers les choses inférieures sans se laisser séduire ni captiver par elles, puisqu'il est dans l'unité, et les quittant bientôt avec toute la plénitude et l'intégrité de sa perfection, il accomplira purement son glorieux retour à l'unité divine. La hiérarchie légale avait, comme nous l'avons dit, ses ablutions sacrées; c'est ce que représentent chez nous le pontife et les prêtres se lavant les mains. Ceux donc qui s'approchent du sacrifice auguste doivent être purs de toutes les abjectes illusions de l'âme et se conformer, autant qu'ils peuvent, à la sainteté du mystère. Ainsi seront-ils illuminés par les plus éclatantes manifestations de la divinité; car les lumières célestes se plaisent à laisser tomber leur clarté sur les objets qui leur sont conformes et qui peuvent la recevoir et plus entière et plus splendide. Or, si le pontife et les prêtres se purifient les doigts devant l'autel même, c'est pour figurer que la purification spirituelle s'accomplit sous le pied de Jésus-Christ, qui pénètre jusqu'aux plus secrètes pensées et soumet notre vie entière à un rigoureux examen et à des jugements pleins de justice et d'impartialité. Alors seulement le

---

[7] II Tim., II, 19.
[8] Ps., CXV, 15.
[9] Jean, XIII, 10.

pontife est uni aux choses saintes. Il donne louange aux œuvres divines, consacre les augustes mystères et les expose aux regards du peuple.

XI. Or, quelles sont ces œuvres divines qui s'accomplirent pour l'amour de nous, comme il a été dit ? C'est ce qu'il faut expliquer maintenant aussi bien que possible ; car réellement je ne pourrais les nommer toutes, bien loin de les connaître clairement et de les révéler aux autres. Mais celles que les pontifes sacrés célèbrent et opèrent conformément à la tradition, celles-là seulement je les dirai, selon mes forces, après avoir invoqué le secours de l'Esprit inspirateur.

Lorsque, dans le principe, la nature humaine perdit insensément la grâce divine, elle tomba dans une vie pleine de passions, qui aboutit à la corruption et à la mort. Car il était juste que l'audacieux transfuge de la honte infinie, le violateur du précepte d'Éden, qui, cédant aux attrayantes et frauduleuses suggestions de l'esprit malin, avait secoué le joug qui donne la vie, fût livré en proie à ses penchants qui le détournent des biens célestes : d'où vient ce déplorable échange que nous avons fait de l'immortalité avec la mort. Tirant son origine de la corruption, l'homme fut condamné à avoir une fin qui rappelât son principe, et volontairement déchu d'une vie supérieure et divine, il fut précipité dans l'abîme contraire d'une vie pleine de mutabilité et d'angoisses. Ainsi égarée et fuyant loin du droit chemin qui mène au seul vrai Dieu, asservie à la multitude des cruels démons, notre nature ne vit pas qu'elle servait, non pas des dieux ou des amis, mais des ennemis affreux ; et bientôt les tyranniques excès de leur méchanceté naturelle l'eussent réduite aux horreurs d'une irréparable ruine. Mais par un conseil de sa charité et de sa miséricorde infinie, Dieu ne dédaigna pas de prendre lui-même soin de nous. C'est pourquoi, d'une part, prenant en réalité toutes nos misères, hors le péché, et s'unissant à notre bassesse, et, de l'autre, conservant sans confusion et sans altération aucune les attributs de sa nature, il voulut bien nous associer fraternellement, pour ainsi dire, à sa divinité et nous rendre participants de ses propres biens. C'est ainsi que, par le jugement et la justice, comme enseigne la parole traditionnelle et non par le déploiement de sa force, il renversa la domination qu'exerçait sur nous la troupe rebelle des démons. Par sa bonté, il opéra dans nous une transformation complète : car il inonda d'une douce et divine lumière l'obscurité de notre esprit et il orna de grâces célestes notre difformité spirituelle ; il affranchit la maison de notre âme et des viles passions et des souillures hideuses, en sauvant notre nature menacée d'une totale ruine, et il nous apprit à monter vers le ciel et à mener une vie divine par la conformité que nous tâcherons d'avoir avec lui.

XII. Mais comment se pourrait accomplir cette ressemblance, sinon en renouvelant tous les jours par les bénédictions et sacrifices sacrés la mémoire des œuvres divines ? C'est aussi ce que nous faisons en mémoire du Christ, comme disent les Écritures. Voilà pourquoi l'hiérarque, debout au saint autel, bénit les œuvres admirables que, dans sa providence, Jésus-Christ a faites pour le salut du genre humain, par le bon plaisir du Père dans le Saint-Esprit, pour parler comme nos oracles. Quand donc il les a louées, quand, par l'œil de l'entendement, il les a contemplées avec un pieux respect, il procède à la célébration mystique du sacrifice en la manière que Dieu a instituée. Étant donc payé le tribut de louanges à la divine bonté, saisi de cette crainte que la religion réclame d'un pontife, il s'excuse d'oser approcher ces mystères si excellents et il s'écrie au Seigneur : « Vous l'avez dit : Faites ceci en mémoire de moi. » Puis il demande la grâce de n'être pas indigne de ce ministère par lequel l'homme imite un Dieu, et de retracer Jésus-Christ dans la célébration et la distribution des choses sacrées, et que ceux qui doivent y communier les reçoivent avec une pureté parfaite. Alors, il achève l'œuvre sainte et offre aux regards le mystère sous les symboles qui le rendent sensible. Et découvrant et rompant en pièces le pain jusque-là couvert et formant un seul tout, et partageant entre tous le même calice, il multiplie mystérieusement et distribue l'unité, et par là s'accomplit le très saint sacrifice.

Ainsi, ce qu'il y a de caché, de simple et d'un en Jésus, Verbe divin, en revêtant notre nature par infinie tendresse pour les hommes, a formé comme un composé visible, sans que la divinité en fût altérée, et a négocié heureusement notre union intime avec lui en mariant notre bassesse avec ses perfections sublimes, si toutefois nous adhérons à lui, comme des membres au corps, par la conformité d'une divine et innocente vie, et si nous ne tombons pas dans les passions qui corrompent et qui tuent, et qui nous rendraient indignes de tout commerce avec les membres divins et incapables de participer à leur vie et santé. Car ceux qui désirent s'unir à Jésus doivent considérer la vie toute divine qu'il a menée dans la chair, et tendre, par l'imitation fidèle de son innocence, à un état de sublime sainteté.

XIII. C'est ce que montre clairement le pontife dans la célébration de ce mystère, lorsqu'il découvre les symboles sacrés jusque-là cachés à tous les regards, et fractionne leur unité ; et que, par l'intime union du sacrement avec celui qui le reçoit, il fait communier la créature au trésor des grâces divines. Car ainsi, et en offrant à la vue Jésus-Christ, notre vie spirituelle, devenue pour ainsi dire sensible, il représente d'une manière palpable que le Seigneur, sortant du secret de la divinité, s'est amoureusement fait semblable à nous en prenant, mais sans l'absorber, notre humanité entière ; qu'il revêt notre nature composée, sans altération de son essentielle unité ; et que, par un effet de cette même charité, il convie le genre humain à la participation de son essence et de ses propres richesses, pourvu cependant que nous nous unissions à lui en nous appliquant à imiter sa divine vie ; car ainsi nous serons véritablement associés à la divinité et nous partagerons ses biens.

XIV. Quand donc il a reçu et donné la sainte communion, le pontife avec toute la pieuse assemblée de l'Église termine par une sainte action de grâces. Car on reçoit avant de donner, et la communion aux mystères précède la distribution qu'on en fait. C'est effectivement une admirable disposition et une règle générale dans les choses divines, que le pontife entre en part et soit rempli le premier des grâces célestes, et qu'ensuite seulement elles soient accordées aux autres hommes par son entremise. C'est pour la même raison que ceux-là sont estimés profanes et rebelles à nos saintes institutions, qui osent enseigner les vérités sacrées avant d'avoir contracté l'habitude d'y conformer leur vie. De même donc que, sous l'influence des rayons solaires, les substances les plus minces et les plus transparentes sont facilement inondées de clarté, et ensuite, comme d'autres soleils, versent la lumière qui les remplit sur les corps inférieurs ; de même, celui-là ne doit pas avoir la présomption de guider les autres dans les routes divines, qui n'est pas encore élevé à un état de conformité parfaite avec Dieu, et que l'inspiration et l'élection saintes n'ont pas appelé au commandement.

XV. C'est ainsi que tous les ordres de notre hiérarchie réunis dans l'Église, après avoir participé aux divins mystères, rendent grâces ensemble, chacun, selon qu'il en est capable, ayant reconnu et loué les œuvres divines. Pour ceux qui ne reçoivent et ne connaissent pas le don céleste, ils ne viendront jamais à en bénir le Seigneur, quoique, de leur nature, ces bienfaits merveilleux soient dignes d'universelles louanges. Mais, comme je l'ai montré, entraînés par les mauvais penchants, ils n'ont pas voulu voir les œuvres divines, et, pour cela, ils sont restés ingrats envers les infinies miséricordes. Aussi, « goûtez et voyez [10], » dit l'Écriture ; car c'est en s'initiant à nos mystères que les fidèles apprécient l'immensité des grâces dont nous sommes enrichis, et c'est après avoir contemplé dans la communion leur grandeur et leur excellence qu'ils éclatent en cantiques de louange pour les merveilles de bonté que la divinité a opérées.

---

[10] Ps., XXXIII, 9.

CHAPITRE IV :
DES CÉRÉMONIES QUI SE FONT
EN LA CONSÉCRATION DE L'HUILE SAINTE

Première partie

Tel est le mystère de la sainte synaxe ; telles se présentent à la contemplation de nos esprits les merveilles par lesquelles la hiérarchie, comme je l'ai dit souvent, nous fait participer intimement à l'unité. Mais il est une autre sainte institution qui se lie à celle-ci, et que nos maîtres ont nommée le sacrement de l'huile bénite. Après avoir considéré par ordre les diverses figures qui composent ce sacrement, nous nous élèverons par une vue mystique jusqu'à l'unité de son type intelligible.

Deuxième partie
Sacrement de la consécration de l'huile sainte

Ici, comme dans la célébration de l'Eucharistie, on fait sortir les indignes, après que le pontife a parcouru tout le temple en faisant fumer l'encens, après le chant des psaumes et la récitation des divines Écritures. Puis l'hiérarque prend lui-même le baume, le place sur l'autel, le couvre de douze aigrettes, pendant que tous, d'une voix pieuse, font retentir l'hymne sacré inspiré aux divins prophètes. Enfin, il le consacre par une prière solennelle. Il s'en sert ensuite dans les sacrements augustes où quelque consécration se pratique, et dans presque toutes les cérémonies pontificales.

Troisième partie
Contemplation

I. Une première considération mystique nous donnera la clef de toutes les cérémonies qui s'accomplissent dans la consécration de l'huile sainte. C'est qu'on nous fait voir, par ce qui se pratique en ce sacrement, que les hommes pieux doivent tenir cachées leur sainteté et la bonne odeur de leur âme : car il leur fut enjoint par une bouche divine de ne point étaler avec vaine gloire ces vertus d'agréable parfum, qui les rendent heureusement semblable à notre Dieu caché. En effet, les secrètes et si excellemment suaves beautés de Dieu ne se prodiguent pas ; mais elles se révèlent d'une façon intelligible seulement aux hommes de vie intérieure, et veulent trouver dans les âmes de pures et parfaites images d'elles-mêmes. Car l'image de la vertu divine doit reproduire fidèlement son original, et contemplant du regard de l'intelligence la douce beauté, se modeler ainsi et se façonner sur ce type merveilleux. De même que, dans un ordre de choses matériel, le peintre, s'il considère fixement son original sans détourner la vue sur aucun autre objet, sans diviser son attention, doublera pour ainsi dire celui qui pose devant lui, et offrira la vérité dans sa ressemblance, le modèle dans son image, et à part la différence des substances, les reproduira l'un dans l'autre ; ainsi par la constante et studieuse contemplation du suave et mystérieux arché-type, les peintres spirituels, amis du beau, obtiendront de ressembler à Dieu avec une admirable exactitude. Aussi s'occupant sans relâche de façonner leur âme à la ressemblance de la perfection intelligible qui est si ravissante, ils ne pratiquent aucune de leurs sublimes vertus pour être vus des hommes, comme parle l'Écriture ; mais cette huile tenue sous voile est un précieux symbole où ils apprennent que l'Église cache ce qu'elle a de plus sacré. C'est pourquoi, vivantes images du Seigneur, ils ensevelissent religieusement au fond de leur âme leurs saintes et divines vertus ; et le regard exclusivement fixé sur la suprême intelligence, ni ils ne sont visibles pour ceux qui ne leur ressemblent pas, ni ils sont tentés de les regarder eux-mêmes. Aussi, fidèles à leur dessein, ils aiment ce qui est réellement juste et honnête, et non pas ce qui semble tel ; ils n'aspirent point à ce que le vulgaire nomme insensément gloire et félicité ; mais à l'imitation de Dieu, dis-cernant ce qui est essentiellement bien ou mal, ils deviennent d'augustes images de la divine suavité, qui possédant en soi le parfum du bien, ne l'exhale point pour la foule que séduisent les apparences, mais imprime la vraie beauté dans les âmes qui lui ressemblent.

II. Maintenant, et après avoir considéré ce sacrement dans la richesse de sa beauté extérieure, jetons les yeux sur ce qu'il a de plus divinement beau, voyons-le en lui-même et dépouillé de ses voiles ; et remplissons-nous de la clarté fé-conde qu'il répand, et du parfum sacré dont il embaume les hommes spirituels. Or ceux qui environnent le pontife ne restent pas étrangers aux cérémonies de la consécration de l'huile sainte : au contraire, le mystère de cet acte leur est manifesté, mais non pas au vulgaire qui ne pourrait le contempler dignement ;

voilà pourquoi ils le voilent saintement, et le dérobent aux yeux de la multitude, comme le prescrit la tradition. Car le rayonnement des choses sacrées, qui éclaire immédiatement et avec pureté les hommes pieux, parce qu'ils sont enfants de la lumière intelligible, et qui verse les flots de sa bonne odeur sur les facultés de leur esprit, ne parvient pas de la même manière à la foule qui les suit. Et alors ces contemplateurs mystérieux du secret divin l'enveloppent des sacrés symboles que j'ai dits, et ne l'exposent pas à la vue indiscrète des profanes : et c'est à l'aide de ces symboles, que ceux qui appartiennent aux ordres inférieurs de la hiérarchie s'élèvent à la connaissance de la réalité, chacun selon ses forces.

III. Ce sacrement qui fait l'objet actuel de mon discours est donc, comme je l'ai indiqué, si noble et si efficace qu'il sert aux consécrations hiérarchiques ; c'est pourquoi nos maîtres divins, lui attribuant le même rang et la même énergie qu'au sacrement de la communion, l'ont fait célébrer avec les mêmes symboles à peu près, avec les mêmes cérémonies mystiques, avec les mêmes chants sacrés. Ainsi, vous verrez également le pontife quitter le sanctuaire pour aller répandre la bonne odeur de l'encens dans le reste du temple, et revenir ensuite à son point de départ, enseignant par là que les choses divines se communiquent à tous les saints, autant qu'ils le méritent, sans éprouver toutefois diminution ni change-ment, sans perdre cet état d'immuable fixité qui leur est propre. Ainsi encore les chants et la lecture des saintes Lettres engendrent les imparfaits à la grâce de la filiation divine, opèrent la conversion spirituelle de ceux qui sont tourmentés par les impurs démons, délivrent des frayeurs et séductions ennemies ceux qui se laissent lâchement aller au mal, et présentent à chacun, selon qu'il en est capable, la sublimité de la vertu et la divine perfection. Par là ces hommes inspireront à leur tour de l'effroi aux puissances hostiles, et seront préposés à la guérison des autres âmes ; ils posséderont pour eux, et communiqueront à leurs frères le pri-vilège divin d'une inébranlable constance dans le bien, et une force merveilleuse pour combattre les passions. Ces hymnes et lectures affermissent dans la vertu et empêchent de retomber dans le mal ceux qui, d'une vie corrompue sont revenus à de pieux sentiments ; elles achèvent de purifier ceux qui n'ont pas encore une pureté complète ; elles initient les justes à la vue et à la participation des cérémo-nies symboliques ; elles donnent aux plus parfaits l'aliment d'une bienheureuse et céleste contemplation, prenant ce qu'ils ont de divinement un pour le remplir de l'unité, pour l'élever à la souveraine unité.

IV. Que dirai-je encore ? N'est-il pas vrai que ce sacrement dont nous traitons discerne et renvoie, comme il se pratique dans la sainte Eucharistie, tous les rangs qui n'ont pas la pureté requise, et que nous avons déjà mentionnés ? qu'il se montre aux saints seulement sous le voile de ses cérémonies ; et que la hiérarchie n'accorde qu'aux plus parfaits de le voir à découvert et de le célébrer ? Or il me semble superflu de revenir ici sur des explications déjà souvent données ; j'aime mieux passer outre, et considérer le divin pontife tenant l'huile sainte couverte de douze aigrettes, et procédant à la célébration de cet auguste sacrement.

Nous disons d'abord que cette huile se compose par le mélange de diverses substances aromatiques, possédant les propriétés des plus riches parfums, tellement que ceux qu'elle touche sont embaumés à proportion de la quantité qui leur en fut départie. Or, nous savons que le très divin Jésus est suavité merveilleuse, et qu'il inonde invisiblement les âmes des torrents de ses saintes voluptés. Et si les senteurs matérielles flattent, et en quelque sorte nourrissent agréablement notre odorat, pourvu qu'il soit sain alors, et qu'il se présente convenablement à l'action du parfum, on peut assurément dire la même chose de notre discernement spirituel : car si les facultés de notre âme ne sont pas corrompues, ni inclinées vers le mal, elles percevront les célestes parfums, se rempliront d'une sainte suavité et d'un surnaturel aliment, selon la mesure de l'opération divine, et en raison de notre fidélité à lui correspondre. Ainsi donc, la composition mystique de l'huile sainte, autant que le grossier symbole peut exprimer la réalité invisible, nous représente que Jésus-Christ, source abondante d'où émanent les parfums surnaturels, exhale sa bonne odeur, dans des proportions d'infinie sagesse, sur les esprits qui lui sont plus conformes ; de sorte que l'âme, dans le transport d'une joie douce et enivrée du bienfait divin, se nourrit d'aliments célestes qu'elle puise dans les délicieuses communications de la divinité.

V. Or il me semble évident que les esprits angéliques, plus divins que nous, sont plus proches aussi de la source des suavités célestes qui leur sont mieux manifestées et plus largement départies, à raison de leur pureté excellente, et qui, se répandant à flots pressés, remplissent la capacité avec laquelle ils se présentent au bienfait divin. Au contraire, les intelligences inférieures et moins vastes ne peuvent contempler ni recevoir d'une façon aussi sublime ces grâces qui, saintement voilées, ne se communiquent qu'avec sage mesure et proportionnellement aux forces des sujets qu'elles visitent. C'est pourquoi les douze plumes, ou aigrettes figurent l'ordre des séraphins si élevé par-dessus les natures augustes qui nous sont supérieures : ordre sacré placé auprès du Seigneur et l'environnant sans cesse, plongé avec délice dans les contemplations dont il est jugé digne, inondé avec pureté sainte de l'abondance des dons spirituels, et pour parler notre langage, chantant d'une voix éternelle cet hymne tant répété à la gloire du Dieu trois fois saint. Car la connaissance que possèdent ces êtres merveilleux est infatigable, et elle brûle d'un amour de Dieu qui ne se refroidit pas, et elle échappe à la malice et à l'oubli : aussi, selon moi, ce cri perpétuel symbolise bien la science et l'intelligence constante et immuable des choses divines qui occupe toutes les forces de leur esprit et remplit leur cœur d'actions de grâces.

VI. Il me semble qu'en traitant des hiérarchies célestes, nous avons bien contemplé et exposé aux yeux de votre esprit les propriétés incorporelles des séraphins, que les saints oracles ont si heureusement dépeintes sous des images sensibles, et explicatives des choses invisibles. Néanmoins, comme cet ordre sublime est représenté ici par ceux qui entourent respectueusement l'hiérarque, il faut spiritualiser nos regards, et encore une fois contempler, rapidement du moins, son éclat déiforme.

VII. Or la diversité de visages et les pieds sans nombre qu'on attribue à ces intelligences, figurent, à mon avis, la faculté qu'elles ont de contempler à l'aise la divine lumière, et cette incessante activité d'intelligence avec laquelle il leur est donné de pénétrer les célestes mystères. Les six ailes dont il est parlé dans les Écritures ne me paraissent pas exprimer ici un nombre sacré, comme quelques-uns l'ont pensé faussement, mais bien que les très sublimes esprits de cet ordre auguste et tout divin se distribuent en premières, secondes et troisièmes puissances qui tendent à Dieu, s'affranchissent de toute entrave, et s'élèvent sans relâche. De là vient que dans sa sagesse sacrée, l'Écriture, décrivant la forme de ces ailes, place les unes à la tête, les autres au milieu du corps et les autres aux pieds, pour montrer que ces esprits sont tout couverts d'ailes, et aspirent de toutes leurs forces vers la réalité suprême.

VIII. S'ils se voilent et la face et les pieds, et ne soutiennent leur essor qu'avec les ailes du milieu, cela doit faire entendre à votre piété que cet ordre, si excellemment élevé par-dessus tous les autres, révère les hauteurs et les profondeurs qui dépassent ses conceptions, et se porte avec mesure à la contemplation de Dieu, soumettant sa vie au joug de la céleste volonté, et se laissant former ainsi à la connaissance de lui-même.

IX. Ce qui est dit dans les Écritures que « l'un criait à l'autre [11], » me semble indiquer qu'ils se transmettent mutuellement et sans envie ce qu'ils voient et ce

---

[11] Isaïe, VI, 3.

qu'ils comprennent de la divinité. Et je trouve ceci digne de remarque, que les saintes Lettres donnent par excellence le nom hébreu de séraphins à ces natures très saintes, à raison de la constante activité et de la dévorante ardeur de leur vie.

X. Si donc, comme l'assurent les hébraïsants, la théologie, donnant aux séraphins augustes une qualification qui exprime exactement leur nature, les nomme brûlants et pleins de ferveur, on doit dire, en suivant la loi de ce mystérieux symbolisme, qu'ils ont la vertu de dégager le parfum de la suavité divine, et de l'exciter à s'épandre et à exhaler ses plus puissantes émanations. Car cette nature infinie dont la bonne odeur surpasse tout entendement, aime se manifester quand elle est excitée par des esprits fervents et purs, et à ceux qui l'attirent d'une si excellente manière, elle communique avec une libérale profusion ses inspirations toutes divines. Aussi les très saintes intelligences de cet ordre élevé au-dessus des cieux n'ignoraient pas que le très divin Jésus voulut être sanctifié ; elles savaient au contraire que, dans sa douce et ineffable bonté, il était venu en notre humanité ; et le voyant sanctifié en sa chair par le Père et par lui-même et par l'Esprit, elles le reconnurent néanmoins à ses œuvres divines comme leur propre principe, et comme n'ayant subi en son essence aucun changement. C'est ce qu'enseigne symboliquement la tradition ; c'est ce qu'elle sait et représente quand elle place l'emblème des séraphins sur le baume précieux qu'on va consacrer, et qui figure le Christ prenant réellement toute notre humanité, sans altération de sa divinité. Il y a quelque chose de plus encore ; c'est qu'on se sert de cette huile bénite en toutes les consécrations religieuses, pour mettre en évidence, selon le mot des Écritures, que celui qui fut sanctifié et qui sanctifie demeure constamment le même dans la diversité des œuvres que sa bonté opère. Voilà pourquoi des onctions faites avec le saint chrême accompagnent la grâce perfectionnante de la régénération divine qui nous est donnée au baptême. De là vient, à mon avis, que le pontife forme des signes de croix en versant l'huile dans le baptistère où s'expient nos péchés, et fait voir aux yeux contemplatifs que Jésus-Christ est descendu dans la mort qu'il souffrit sur la croix pour nous rendre enfants de Dieu, et que, par le mystère de ce divin et victorieux abaissement, ceux qui sont baptisés dans sa mort, comme dit l'Écriture, il les arrache à cet ancien gouffre de corruption lamentable, et les renouvelle dans une sainte et éternelle vie [12].

XI. Bien plus, celui qui est initié à l'auguste sacrement de la régénération, re-

---

[12] Rom., VI, 3.

çoit, par la grâce de l'onction sacrée, l'effusion du Saint-Esprit ; et ce rite figuratif fait heureusement sentir que celui qui, comme homme, fut pour nous sanctifié par le Saint-Esprit, est celui-là même qui, gardant inaltérable sa divine essence, nous communique cet esprit sanctificateur.

XII. Observez aussi religieusement que, d'après la loi des mystères augustes, la consécration de l'autel sacré s'opère par l'effusion très pure de l'huile bénite. Et ceci est un céleste et profond mystère qui explique la source, la nature et le secret divin de notre sanctification. Puis donc que toute intelligence pieuse est saintement consacrée en Jésus-Christ, autel divin sur lequel, offerts et mystiquement immolés [13], comme dit l'Écriture, nous trouvons accès vers Dieu, il nous faut contempler des regards de l'âme comment cet autel sublime par qui les offrandes sont consacrées et sanctifiées, reçoit d'abord sa consécration du saint chrême. Car le très saint Jésus se sanctifie lui-même pour nous, et ensuite nous remplit de toute sainteté, puisque les choses qui furent bénies en lui, par une miséricordieuse dispensation, descendent jusqu'à nous, qui devenons enfants de Dieu par le baptême. De là vient, je pense, que les divins chefs de notre hiérarchie, fidèles aux enseignements de la sainte tradition, et considérant ce qui se fait en ce sacrement, l'ont nommé consécration parfaite et entière, comme s'ils disaient consécration de Dieu, et lui ont glorieusement appliqué cette appellation dans le double sens dont elle est susceptible. Car il y a ici consécration de Dieu, en ce que, comme homme, il fut sanctifié pour nous, et en ce que, comme Dieu, il a consacré et sanctifié toutes choses dignes de sanctification.

Quant à l'hymne saint qui nous vient des prophètes inspirés, il signifie, au dire des hébraïsants, louange de Dieu, ou bien louez Dieu. Les diverses manifestations et œuvres de Dieu étant décrites dans la variété des symboles dont l'Église les voile, il convenait assez de répéter ce divin cantique des prophètes. Car il nous instruit et en toute évidence et avec sainteté que les bienfaits du Seigneur sont dignes des actions de grâces de notre piété.

---

[13] Eph., III, 12.

CHAPITRE V :
DE LA CONSÉCRATION DES SAINTS ORDRES

I. Telle est l'auguste consécration de l'huile sainte. Mais après ce divin sacrement, il est temps de traiter des ordres sacrés, de leurs attributions, de leurs vertu et efficacité, de leurs perfections, et d'expliquer comment ces choses sont réparties entre les trois ordres majeurs. De la sorte, on verra que la sage constitution de notre hiérarchie discerne et rejette absolument tout ce qui est irrégulier, désordonné et confus, et qu'elle fait briller au contraire dans l'heureux ensemble de ses divers degrés la décence, l'harmonie et la majesté. Or, au *Traité des hiérarchies célestes*, nous avons, je pense, suffisamment expliqué cette triple distinction qui caractérise toute hiérarchie, en disant, d'après l'autorité de la tradition, qu'on y trouve d'abord le don divin, la grâce, puis les esprits, qui ont la science et le pouvoir d'initier, enfin ceux qui reçoivent le bienfait du sacrement.

II. La sainte hiérarchie des natures célestes n'a d'autre sacrement que la pure et intelligible connaissance de Dieu et des choses divines, au degré où elles en sont capables, et également un état proportionnel de conformité et d'assimilation à la divinité. Là sont illuminateurs et maîtres en la sainte perfection les esprits plus proches de Dieu ; car avec bonté et discrétion, ils font parvenir aux ordres subalternes les augustes lumières que leur donne directement la divinité, perfection essentielle, et source de toute sagesse créée. Les rangs inférieurs à ces natures suprêmes, étant élevés par elles à la grâce de l'illumination divine, sont des initiés et doivent être nommés tels.

Après cette hiérarchie surhumaine et toute céleste, Dieu voulant dans sa bonté répandre sur nous la sainteté de ses dons précieux, donna d'abord à l'enfance de l'humanité, comme dit l'Écriture, la hiérarchie légale, et lui envoya une lumière que purent porter ses débiles regards, dissimulant la vérité sous d'imparfaites images, sous des traits bien éloignés de la pureté des originaux, sous d'obscurs symboles, sous des énigmes dont le sens profond en se découvrait qu'avec peine. Or, dans cette hiérarchie de la loi, le mystère, la grâce, c'est que l'homme était élevé à l'adoration spirituelle de Dieu. Les chefs sont ceux qui furent instruits dans la science du tabernacle par Moïse, premier initiateur et maître des pontifes anciens : car retraçant le tabernacle spirituel dans la hiérarchie qui préparait la nôtre, il nomma toutes les cérémonies légales une image de l'exemplaire qui lui avait été montré sur le mont Sinaï. Les initiés sont ceux qui, aidés par les symboles sacramentels, s'élevaient, selon leurs forces, à une plus parfaite intelligence des mystères.

Or, par cette initiation plus relevée, les théologiens entendent notre hiérarchie, qu'ils nomment le complément sacré et la fin de la précédente. Car notre hiérarchie est à la lois céleste et légale, et, comme un milieu qui unit deux extrêmes, elle participe de l'une et de l'autre : de la première, à raison des contemplations spirituelles dont elle est enrichie ; de la seconde, à cause des nombreux symboles qui la matérialisent, pour ainsi dire, et à l'aide desquels elle s'élève vers la divinité. Elle a également la triple distinction qui se remarque en toute hiérarchie ; à savoir les augustes cérémonies de l'initiation, les dispensateurs sacrés des trésors divins, et ceux auxquels les choses saintes sont conférées dans la mesure convenable. A son tour, chacune de ces trois parties, dans la hiérarchie actuelle, comme dans la hiérarchie légale, comme dans la divine hiérarchie des anges, se distingue encore en premières, deuxièmes et dernières puissances ; et ainsi brillent de sages proportions, une sainte harmonie, et cette union intime qui maintient à leur place les diverses parties d'un tout.

III. D'après cela, voici d'abord quelle est la divine énergie de nos augustes sacrements. Leur première puissance est de purifier les profanes, la seconde d'initier à la lumière ceux qui furent purifiés, la dernière, qui résume les précédentes, de consommer les initiés dans la science des mystères déjà entrevus.

Les ministres sacrés composent la seconde distinction hiérarchique. Or, au premier degré, ils purifient par les sacrements les âmes encore étrangères à la sainteté ; puis, au deuxième, ils illuminent les initiés ; et au dernier et suprême degré de la vertu sacerdotale, ils perfectionnent les pieux illuminés dans l'intelligence des lumières qu'il leur fut donné de contempler.

Enfin, on trouve également chez les initiés un triple degré. Au premier, ils sont purifiés ; au deuxième et après la purification, ils sont illuminés et admis à contempler quelques-uns des mystères ; dans le troisième et le plus élevé de tous, ils sont enrichis de la science parfaite des splendeurs dont ils furent inondés.

Or, il a été traité de la triple vertu que possèdent nos sacrements. Nous avons montré par les Écritures que le sacrement de la régénération divine purifie et confère la lumière ; que la synaxe et la consécration de l'huile sainte nous consomment dans la science parfaite des œuvres de Dieu, et ainsi nous donnent de nous élever jusqu'aux douceurs d'une sainte et intime union avec lui. Il faut parler maintenant de l'ordre des ministres qui se distinguent en trois classes, ceux qui purifient, ceux qui illuminent, ceux qui perfectionnent.

IV. C'est une loi sacrée établie par la puissance suprême, que les choses inférieures soient attirées à la lumière divine par les choses supérieures. Ne voit-on pas également les diverses substances du monde sensible rechercher d'abord les corps qui ont plus d'affinité avec elles, et par eux exercer sur d'autres leur naturelle influence ? C'est donc avec parfaite convenance que Dieu, principe et fondement de tout bel ordre tant visible qu'invisible, laisse tomber d'abord ses splendeurs déifiques sur ceux qui lui ressemblent davantage, et qu'ensuite, au moyen de ces esprits plus purs préparés à recevoir et à transmettre la lumière, il verse, en la mesure convenable, le flot de ses clartés sur ceux qui suivent. Ceux donc qui les premiers jouissent de la vision de Dieu doivent avec libéralité et discernement manifester aux seconds les spectacles divins auxquels ils furent eux-mêmes admis. A ceux-là d'initier aux mystères hiérarchiques, qui possèdent pleinement et autant qu'il appartient à leur ordre, la science des choses divines, et qui ont reçu le glorieux pouvoir d'enseigner. A ceux qu'embellissent la science et la perfection sacerdotales de conférer les sacrements à qui en est digne.

V. Ainsi, l'ordre divin de nos pontifes est le premier des ordres qui voient Dieu ; et il est en même temps le dernier et le plus sublime, parce qu'en lui se terminent et se complètent tous les ordres de notre hiérarchie. Car, comme la hiérarchie universelle a son complément en Jésus-Christ, ainsi chaque hiérarchie particulière trouve le sien en son propre hiérarque. Or, la vertu du pouvoir pontifical passe à tous les ordres sacrés, et c'est par eux qu'il accomplit les mystères qui sont du ressort de notre hiérarchie. Toutefois et à l'exception des autres ordres, la loi divine lui réserve certaines fonctions plus sacrées qu'il doit remplir par lui-même, et qui sont comme d'augustes images de l'efficacité divine, par lesquelles tous les sacrements et les ordres de l'Église reçoivent leur perfection. Car quoique le prêtre puisse produire quelques-uns de nos vénérables sacrements, néanmoins il ne saurait donner celui de la régénération, sans le saint chrême, ni consacrer la divine Eucharistie qu'en posant les symboles du sacrement sur un autel sanctifié. Et même, il ne sera prêtre qu'autant que les initiations de l'hiérarque l'auront élevé à cette dignité. C'est pourquoi la loi divine attribue exclusivement au pouvoir parfait des pontifes la consécration des divers rangs de la hiérarchie, la confection de l'huile sainte, et la bénédiction de l'autel.

VI. Ainsi, l'ordre des pontifes est plein de force pour communiquer la perfection ; il possède seul le privilège de célébrer les plus sublimes mystères de notre hiérarchie ; habile interprète, il révèle aux autres hommes la science des choses sacrées, et leur apprend à quelles vertus et à quelle sainteté ils sont appelés. L'ordre sacerdotal qui donne l'illumination prépare et conduit les initiés au spectacle des saints mystères, et accomplit les fonctions de sa charge en la société et sous la dépendance des divins pontifes. Par sa force propre, il ne peut que montrer les œuvres divines à travers le voile des pieux symboles, et les faire contempler à celui qui se présente, en l'admettant à la participation des choses sacrées ; mais il renvoie au pontife ceux qui désirent avoir l'intelligence des mystères qu'ils ont perçus. L'ordre des diacres a pour mission de purifier, et de discerner entre le bien et le mal, avant d'invoquer le ministère des prêtres : il purifie donc ceux qui s'approchent, les arrache aux habitudes mauvaises, et les rend dignes de contempler et de recevoir les précieux sacrements. Voilà pourquoi au saint baptême, les diacres dépouillent le catéchumène de son premier vêtement, lui ôtent sa chaussure, le tournent vers l'occident pour faire abjuration, et ensuite le ramènent en face de l'orient ; et par le pouvoir qu'ils ont de purifier, ils lui enjoignent de dépouiller entièrement la robe de sa première vie, et lui montrant les ténèbres d'où il sort, ils lui apprennent à y renoncer pour entrer dans une région de lumière. L'ordre des diacres est donc destiné à purifier, et à offrir ceux qu'ils rendus purs à l'action illuminatrice des prêtres ; il agit sur les imparfaits, et les produit à la vie par la force purifiante des lumières et des doctrines de l'Écriture. Il distingue aussi et sépare totalement les saints des profanes ; c'est pourquoi, d'après nos constitutions hiérarchiques, il doit veiller aux portes de l'église, pour faire comprendre que l'accès des choses saintes ne s'obtient que par une purification complète : ainsi les ministres qui ont pouvoir de purifier préparent à la vue et à la participation des mystères, et l'on n'y est admis qu'après avoir contracté entre leurs mains une pureté sans tache.

VII. Nous avons donc établi qu'à l'ordre épiscopal appartient la vertu de perfectionner, et qu'il perfectionne en effet ; à l'ordre sacerdotal la vertu de conférer la lumière, et que réellement il la confère ; à l'ordre des diacres la vertu de purifier et discerner les différents sujets, de sorte cependant que le premier a le secret de donner non seulement la perfection, mais encore la lumière et la pureté, et que le second peut à la fois illuminer et purifier. Les inférieurs n'exercent pas les fonctions des supérieurs, et ils ne doivent pas se laisser emporter une si téméraire usurpation. Mais les puissances plus divines connaissent leur propre force, et ont en même temps le secret de la perfection des puissances moins élevées.

Mais les ordres de l'Église étant les images des opérations divines, en ce qu'ils représentent l'harmonieux mélange des splendeurs diverses que Dieu fait éclater dans ses actes, ils se divisent en puissances de premier, second et troisième degré hiérarchiquement distinct, pour reproduire par là, comme je l'ai dit, l'unité et la variété des œuvres divines. Car, puisque Dieu souverain commence par purifier les intelligences qui le reçoivent, puis les illumine, et enfin les réforme à l'image de sa propre perfection, il est juste que la hiérarchie, figure des choses célestes, se divise en ordres et puissances multiples, pour rendre évident que les opérations de Dieu se distinguent avec parfaite exactitude, et forment aussi un merveilleux ensemble.

Voilà ce que nous pouvions dire sur les ordres de l'Église, leur ministère, leur pouvoir et leurs actions. Essayons de voir maintenant comment se fait leur consécration religieuse.

DEUXIÈME PARTIE

CÉRÉMONIES DE LA CONSÉCRATION DES SAINTS ORDRES

Celui qui doit être élevé à la dignité épiscopale fléchit les genoux devant l'autel. Là, on lui impose sur la tête le livre des divines Écritures ; le prélat consécrateur étend la main sur lui et récite de pieuses invocations. C'est ainsi que se fait l'ordination des évêques.

Le prêtre se met aussi à genoux devant l'autel. L'évêque alors lui impose la main droite sur la tête, prononce de saintes prières et opère ainsi la consécration sacerdotale.

Le diacre amené devant l'autel ne fléchit qu'un genou ; sa tête est ombragée par la main droite du pontife, et sa consécration s'achève par les prières fixées pour la consécration des diacres.

Au reste, l'hiérarque consécrateur trace sur chacun d'eux le signe de la croix ; on publie leurs noms et l'ordre qu'ils reçoivent, et on termine par la cérémonie du saint baiser, tous les membres de la hiérarchie, l'évêque à leur tête, saluant aussi celui qui est promu à quelqu'un des ordres sacrés.

TROISIÈME PARTIE

CONTEMPLATION

I. Les évêques, les prêtres les diacres ont ceci de commun dans la cérémonie de leur consécration, qu'ils s'approchent de l'autel et fléchissent les genoux, que le pontife leur impose les mains et trace sur eux le signe de la croix, qu'on proclame leur nom et qu'on leur donne le saint baiser. Il y a cette particularité pour les évêques, qu'on leur place sur la tête le livre des Écritures, ce qui n'a pas lieu pour les ordres inférieurs. Les prêtres mettent les deux genoux en terre, et ainsi ils se distinguent des diacres que ne doivent fléchir qu'un genou, comme je l'ai marqué.

II. Or, cette cérémonie qui consiste à s'approcher de l'autel et à fléchir le genou, enseigne à tous ceux qui entrent dans la hiérarchie qu'ils doivent entièrement soumettre leur vie à Dieu et lui offrir toutes leurs facultés spirituelles purifiées et saintes, et dignes, autant qu'il se peut, du temple auguste et de l'autel sacré de notre Sauveur qui justifie et consacre les âmes d'une piété divine.

III. L'imposition des mains pontificales désigne la protection divine s'étendant paternellement sur les consacrés, comme sur de pieux enfants, pour leur donner les dignités ecclésiastiques et la force de les remplir, et pour éloigner d'eux les puissances ennemies. Ce rite leur apprend encore à exercer leurs redoutables fonctions sous la dépendance de Dieu et à le prendre pour maître et pour guide dans tous leurs actes.

IV. Le signe de la croix invite à la mortification complète des appétits sensuels et à l'imitation de Dieu ; il rappelle qu'on doit considérer sans cesse la vie divine qu'a menée Jésus-Christ en sa chair, et comment, dans sa justice sans tache, il est descendu jusqu'à la croix et à la mort, et que ceux qui réforment leur vie à son exemple, il les marque du sceau de son innocence dont le signe de la croix est la figure.

V. Le pontife proclame le nom des initiés et les ordres qu'ils vont recevoir. Cette cérémonie mystérieuse annonce que, épris d'amour pour Dieu, le consécrateur se pose comme l'interprète du choix céleste ; que ce n'est point par une capricieuse faveur qu'il appelle aux dignités sacrées, mais qu'il agit sous l'inspiration d'en haut dans la consécration des ministres de l'Église. C'est ainsi que Moïse, l'instituteur des cérémonies de la loi, n'éleva point à la dignité pontificale Aaron cependant son frère, et jugé par lui agréable à Dieu et digne du sacerdoce, jusqu'à ce que, poussé par un mouvement surnaturel, il le créa grand-prêtre, selon le rite que Dieu lui-même lui prescrivit [14]. Bien plus, notre premier et divin

---

[14] Ex., XXIX, 4.

chef hiérarchique (car le très doux Jésus voulut bien se faire notre pontife) ne se glorifia pas lui-même, comme attestent les Écritures ; mais il fut glorifié par celui qui lui dit : «Vous êtes prêtre pour l'éternité, selon l'ordre de Melchisédec[15].» C'est pourquoi, lorsqu'il s'agit d'appeler ses apôtres à l'honneur de l'épiscopat, bien que, comme Dieu, il fût l'auteur de toute consécration, néanmoins, selon l'esprit de la hiérarchie, il rapporta cette action à son Père adorable, et au Saint-Esprit, recommandant aux disciples, ainsi qu'on le voit dans l'Écriture, de ne pas quitter Jérusalem, mais d'y attendre la promesse du Père, que «vous avez entendue de ma bouche, dit-il ; c'est que vous serez baptisés dans le Saint-Esprit[16]». Ainsi agit encore le prince des apôtres avec ses dix collègues dans la dignité pontificale : car étant question de consacrer un douzième apôtre, il en laissa religieusement le choix à la divinité. «Montrez, dit-il, celui que vous avez élu[17] ;» et il reçut au nombre des douze celui qu'avait désigné un divin sort.

Mais comme plusieurs ont parlé diversement et, selon moi, avec une piété peu éclairée de ce sort divin qui échut à Matthias, j'émettrai moi-même mon opinion. Je crois donc que les saintes Lettres ont nommé *sort* en cet endroit quelque céleste indice par lequel fut manifesté au collège apostolique celui qu'avait adopté l'élection divine. Car ce n'est point de son propre arbitre que le pontife sacré peut promouvoir aux saints ordres ; mais il doit les conférer pontificalement, sous l'inspiration et avec la grâce de Dieu.

VI. Le baiser qui termine la cérémonie de l'ordination renferme un sens très pieux. Tous les assistants revêtus de quelque ordre sacré et le prélat consécrateur lui-même saluent l'initié par un baiser.

C'est que, quand l'âme religieuse, préparée par l'habitude des vertus sacerdotales, par la vocation divine et par la sainteté, se présente à la grâce de l'ordination, elle est prise en affection par tous les rangs de sa hiérarchie ; élevée à une beauté déiforme, elle aime les âmes qui lui ressemblent, et dont elle est réciproquement aimée. De là, ce sacré et mutuel embrassement, mystérieuse image de la communion fraternelle des pieux esprits et de leur douce et unanime allégresse, par où se maintient dans son intégrité la beauté surnaturelle de notre hiérarchie.

VII. Ces cérémonies sont communes aux initiés de tous les ordres, ainsi que je l'ai dit. Mais un rite particulier aux évêques, c'est qu'on leur place sur la tête le

---

[15] Ps., CIX, 4.
[16] Actes, I, 4.
[17] Actes, I, 24.

livre des Écritures. Effectivement, puisque la bonté souveraine, qui fonda toute dignité dans l'Église, a conféré avec plénitude à nos pontifes la science et l'autorité sacerdotales, c'est avec raison qu'on pose sur leur tête sacrée les divines Écritures, qui contiennent et expliquent avec une profonde science toute la théologie, c'est-à-dire les paroles de Dieu, ses œuvres, ses apparitions, les discours et les actions des saints : présent ineffable que la munificence céleste a fait à notre hiérarchie. Ainsi, le pontife entre en participation parfaite de toutes les richesses que possède l'Église ; et non seulement la science surnaturelle et vraie de toutes les choses qui se font et qui se disent dans les mystères illumine un esprit sanctifié, mais encore il la communique aux autres, en la mesure que prescrivent nos institutions, et, par le privilège de sa dignité, il accomplit les plus parfaites fonctions de notre hiérarchie et pénètre avec une divine certitude le sens profond dont elles sont le symbole.

Les prêtres sont ordonnés les deux genoux en terre, à la différence des diacres qui ne fléchissent qu'un genou et se présentent dans cette attitude au prélat consécrateur.

VIII. L'agenouillement marque les humbles sentiments de celui qui se présente pour se soumettre saintement à Dieu. Nous avons dit souvent que trois ordres de différents ministres, par la vertu mystérieuse de trois sacrements, préparent les initiés de trois degrés divers et les façonnent à porter le joug salutaire du Seigneur. Or, l'ordre des diacres, qui est simplement purificateur, ne fait faire qu'un seul pas à ses subordonnés ; il les présente à l'autel où s'opère la consécration mystérieuse des âmes que son ministère a purifiées : c'est pour cela qu'il ne fléchit qu'un genou.

Les prêtres, au contraire, courbent les deux genoux, parce que leur glorieux ministère a la vertu, non seulement de purifier ceux qui leur sont soumis et de surnaturaliser leur vie, mais encore de les élever à cet état de perfection où il est permis de contempler les choses divines. Enfin le pontife, outre qu'il met les deux genoux en terre, reçoit encore sur sa tête le livre des Écritures, parce qu'il a le pouvoir et le secret le conduire avec sage mesure ceux qui furent purifiés par le diacre et illuminés par le prêtre à la science des mystères qu'ils ont considérés, et par là d'opérer en eux une consécration aussi parfaite qu'il leur convient respectivement.

CHAPITRE VI :
DES DIVERSES CLASSES DE CEUX QUI SONT INITIÉS

I. Tels sont les ordres ecclésiastiques ; tels leurs ministères, leurs pouvoirs, leurs fonctions, leurs consécrations. Parlons maintenant des trois différentes classes d'initiés.

Nous disons d'abord que le rang de ceux qui doivent être purifiés comprend cette foule dont il a déjà été fait mention, et qui est exclue de la célébration des mystères : tels sont ceux que le diacre engendre spirituellement, forme et prépare à la vie par la lecture les saints livres ; tels ceux qu'on presse par les enseignements des Écritures de revenir à la sainteté dont ils ont déchu ; tels ceux qu'une lâche frayeur retient encore sous le joug des puissances ennemies, et qu'on encourage par la puissante parole des divins oracles ; tels ceux qu'on s'efforce de ramener de l'habitude du mal à l'exercice du bien ; tels enfin ceux qui, déjà convertis, n'ont pas encore la constance de la vertu ni une sainteté à toute épreuve. Voilà donc la classe des purifiés que le diacre, par la vertu de son ministère, engendre, façonne et dispose, et qui, ayant ainsi contracté une pureté parfaite, sont admis à la vue et à la participation des mystères illuminateurs.

II. Ceux-là forment le second rang qui, revêtus d'une innocence sans tache, contemplent et, autant que leur force permet, reçoivent quelques-uns de nos sacrements, et qui attendent du ministère sacerdotal le bienfait de l'illumination. Car il me semble que, purs de souillure et de péché et désormais fixés dans la vertu avec un inébranlable courage, ils doivent, sous la discipline des prêtres, jouir enfin des lumières divines, et participer aux sacrements augustes dont ils sont capables, et dans cette contemplation et cette communion puiser une ineffable allégresse, et, sous l'influence surnaturelle de la grâce, aspirer amoureusement à l'intelligence des mystères. Cette classe, je la nomme le peuple saint ; car il a passé par une expiation complète, et il a fait effort pour se rendre digne de contempler et de recevoir les sacrements illuminateurs.

III. Enfin parmi tous les initiés se placent au rang le plus élevé les moines, cohorte bénie qui, s'étant appliquée avec courage à se purifier entièrement et à faire ses actions avec une sainteté parfaite, est admise, selon ses propres forces, à la participation et à la contemplation spirituelle des choses sacrées. Aussi la sanctification de cette classe est-elle confiée à la sollicitude des évêques et c'est dans la grâce de leurs illuminations et dans la sublimité de leurs enseignements qu'elle saisit l'esprit des mystères qu'il lui est donné de méditer, et c'est par la science qui lui en vient qu'elle essaie de s'élever à la plus haute perfection. C'est pourquoi nos pieux maîtres, donnant à ces hommes de saintes qualifications, les ont nommés tantôt thérapeutes, à cause du culte sincère par lequel ils adorent la divinité, et tantôt moines, à raison de cette vie d'unité sans partage par laquelle, ramenant leur esprit de la distraction des choses multiples, ils le précipitent vers l'unité divine et vers la perfection du saint amour. De là vient que la loi liturgique leur attribue une grâce sanctifiante et prononce sur eux une sorte de prière consécratoire ; seulement, ce n'est pas le pontife qui la récite comme dans les ordinations ecclésiastiques, mais bien le prêtre, auquel il est dévolu de célébrer cette consécration secondaire.

DEUXIÈME PARTIE

CÉRÉMONIES DE LA CONSÉCRATION MONACALE

Le prêtre se tenant debout devant l'autel prononce la formule de la consécration monacale. L'initié, placé derrière le prêtre, ne fléchit ni les deux genoux, comme l'ordre sacerdotal, ni même un seul genou, comme les diacres, mais il se tient debout pendant qu'on récite sur lui la prière déterminée. L'ayant achevée, le consécrateur s'avance vers l'initié et lui demande avant tout s'il renonce à toutes les distractions du siècle, c'est-à-dire, non seulement aux divers genres de la vie commune, mais même aux folles imaginations des mondains. Puis il lui expose ce que c'est que la vie parfaite, en l'avertissant qu'il doit s'élever au-dessus d'une sainteté médiocre. Il en reçoit la promesse formelle d'agir ainsi, le marque du signe de la croix, lui coupe la chevelure en invoquant les trois Personnes de l'éternelle béatitude, le dépouille de son premier vêtement pour lui en imposer un autre, lui donne, aussi bien que tous les prêtres qui l'entourent, le saint habit, et l'admet à la participation des saints mystères.

Troisième partie

Contemplation.

I. Par cette attitude du moine qui ne fléchit point les genoux et ne reçoit pas sur la tête le livre des Écritures, mais qui se tient debout derrière le prêtre consécrateur, il est marqué que l'ordre monastique n'est point établi pour la direction des autres, mais que, s'occupant de lui-même, il doit demeurer dans un état de solitaire et sainte vie, suivre fidèlement les prêtres et, docile élève, se laisser conduire par eux à la science sublime des mystères auxquels il participe.

II. Le renoncement aux diverses manières de vivre et même aux imaginations du siècle, si fécondes en distractions, annonce la haute perfection de la philosophie monastique, laquelle s'exerce à la science des commandements qui tendent à unir l'homme à Dieu. Car, comme je l'ai dit, les moines n'appartiennent pas à la seconde classe d'initiés, mais bien à la plus élevée de toutes. C'est pourquoi beaucoup de choses se font sans crime par les chrétiens vulgaires, qui demeurent absolument interdites aux moines, parce qu'ils doivent éviter tout ce qui divise l'esprit et se recueillir religieusement dans l'unité même ; parce qu'ils doivent former leur vie sur celle des prêtres avec lesquels ils ont plusieurs points d'affinité, et dont ils sont plus proches que les initiés des autres rangs.

III. Le signe de la croix, comme je l'ai déjà fait observer, symbolise la mortification complète de tous les appétits sensuels. La tonsure exprime la pureté et la simplicité de la vie, et qu'on ne s'applique point à dissimuler la laideur de son âme sous de mensongères apparences, mais qu'on s'élève, au contraire, spontanément à la ressemblance du type céleste par une vertu modeste et cachée en Dieu, et non par l'artifice d'une beauté seulement humaine.

IV. Cet acte par lequel on dépouille un premier vêtement pour en prendre un nouveau, témoigne qu'on passe d'une sainteté médiocre à une sainteté plus parfaite ; comme dans le baptême, le changement de robe indique que le catéchumène est sorti de la vie purgative pour entrer dans la vie de lumière et de contemplation.

Lorsqu'ici le prêtre et tous ceux qui l'environnent saluent ensemble le nouvel élu, cela figure la communion intime qui existe entre les pieuses intelligences, et la douce charité avec laquelle elles se réjouissent de leur mutuel bonheur.

V. A la fin de la cérémonie, le prêtre convie l'initié à la sainte communion, pour lui faire comprendre que, s'il s'élève à la hauteur de la perfection monastique, non seulement il contemplera les mystères augustes et y participera comme les initiés de la seconde classe, mais qu'il recevra la communion avec une divine intelligence de ce sacrement, et d'une façon plus excellente que le reste du peuple sacré. De là vient aussi que, dans la collation des saints ordres, le prélat consécrateur, avant de terminer, distribue aux ordinants la très sainte Eucharistie : non seulement parce que la réception de ce sacrement adorable est le complément des honneurs hiérarchiques qui leur sont conférés, mais encore afin qu'ils entrent en participation de ce don merveilleux, autant qu'il leur est besoin pour atteindre le degré de perfection divine auquel ils sont respectivement appelés.

Concluons donc que nos initiations saintes consistent en la purification, l'illumination, la perfection. Les diacres forment l'ordre sacré qui purifie les prêtres, l'ordre qui illumine, les évêques, l'ordre qui perfectionne. La classe des purifiés se compose de ceux qui ne peuvent encore être admis à la vue et à la participation d'aucun sacrement ; la classe des illuminés est celle du peuple saint ; la classe des perfectionnés est celle des pieux moines. C'est ainsi que notre hiérarchie distribuée en des ordres que Dieu lui-même a établis, est rendue conforme aux hiérarchies célestes, et qu'elle conserve, autant qu'il est possible aux choses humaines, comme l'empreinte de Dieu et les traces de son auguste origine.

VI. Vous m'allez objecter sans doute qu'il n'y a, parmi les hiérarchies angéliques, aucune classe de purifiés : car il n'est ni beau, ni vrai de dire que le péché se trouve dans les ordres célestes. Et il faudrait que j'eusse perdu le sens des choses sacrées, pour nier la pureté parfaite et la sainteté surhumaine des bienheureux esprits. Car si l'un d'eux fût tombé dans le mal, il y a longtemps qu'il serait exilé du chaste et divin concert que forment ses frères, et précipité dans la ténébreuse ruine des auges rebelles. Toutefois, la piété permet de dire que, chez les hiérarchies célestes, la purification pour les intelligences moins nobles, consiste en la clarté que Dieu leur envoie touchant des choses jusque-là dérobées à leur vue ; à savoir quand il les appelle à une connaissance plus parfaite des secrets divins et que, corrigeant l'ignorance où elles sont actuellement plongées, il les fait élever par les esprits supérieurs à la gloire d'une plus profonde et plus lumineuse intuition. Ainsi, dans la céleste hiérarchie, il y a les ordres purifiés, illuminés et perfectionnés ; et il y a les ordres qui purifient, qui illuminent et qui perfectionnent. Et les natures plus divines et de rang supérieur purgent de toute ignorance les natures de rang inférieur, en la manière et dans la proportion qui convient à ces sublimes esprits ; et elles les inondent des flots de l'illumination divine, et les perfectionnent en la science si sainte des pensées de la divinité. Car, nous l'avons déjà dit, et les Écritures l'enseignent, tous les ordres célestes n'entrent pas en égale part des splendeurs et des connaissances sacrées ; pour tous la lumière vient du sein de Dieu ; mais les plus élevés la puisent immédiatement à sa source, tandis que les autres la reçoivent par le ministère des premiers, et toujours elle s'attempère aux forces de chacun.

CHAPITRE VII :
DES CÉRÉMONIES QUI SE FONT POUR LES DÉFUNTS

I. Il me semble nécessaire d'exposer maintenant les cérémonies que nous pratiquons envers les morts. Car il n'en est pas des saints, comme des profanes ; mais ainsi que diffère la forme de leur vie respective ainsi diffère leur entrée dans le trépas. Ceux qui ont mené une vie sainte, se confiant dans les promesses véridiques du Seigneur dont ils ont vu comme une garantie en sa propre résurrection, arrivent, avec une espérance ferme et fondée et avec une joie divine, au terme de la mort, comme à la fin de leurs pieux combats, pleinement certains que la résurrection générale les mettra, eux et tout ce qui les constitue, en possession d'une vie et d'un bonheur parfaits et éternels. Effectivement, les âmes droites, qui, durant cette vie, peuvent encore déchoir et se précipiter dans le mal, seront élevées, dans la régénération future, à un état de divine immutabilité. Également les corps purs dont elles étaient compagnes dans le chemin de la vie, qui furent enrôlées et combattirent avec elles, pour prix de leurs nobles sueurs, recevront de leur côté la gloire de la résurrection, et partageront avec leurs alliées d'autrefois la jouissance inaltérable d'une vie toute divine : car rentrant dans la société les âmes auxquelles ils furent unis sur la terre, et devenus membres parfaits de Jésus-Christ, ils obtiendront la douceur incorruptible d'un immortel et divin repos. C'est pourquoi les saints s'endorment dans la joie et parmi d'invincibles espérances, quand ils ont touché le terme de leurs combats généreux.

II. Parmi les profanes, ceux-ci pensent insensément qu'un total néant leur est réservé ; ceux-là estiment que l'union des âmes avec les corps se brise sans retour, parce qu'elle conviendrait mal aux esprits dans la félicité de la vie divine qui les attend ; ils ne songent pas et ils n'ont pas compris cet enseignement de la science sacrée, que cette vie ainsi entendue a déjà reçu en Jésus-Christ sa glorieuse réalisation. Quelques-uns imaginent que les âmes s'allieront à d'autres corps ; en quoi, ce me semble, ils sont injustes envers les corps qui ont partagé les travaux des âmes saintes, puisqu'ils les privent indignement des divines récompenses qui les attendaient au bout de la carrière. D'autres enfin, inclinés vers je ne sais quelles grossières pensées, disent que le saint et bienheureux état promis aux élus ressemble à cette vie terrestre, et avec une rare inconvenance, promettent à ceux qui seront les frères des anges un mode d'alimentation propre à des corps altérables. Mais les hommes pieux ne donneront jamais en de pareilles extravagances ; car comme ils savent qu'ils entreront, corps et âme, dans le repos du Christ ; quand est venu le terme de cette vie périssable, ils voient plus clairement, parce qu'ils en sont plus proches, le chemin qui les mène à l'immortalité ; ils célèbrent la bienfaisance céleste, et sont inondés d'un divin contentement, ne craignant plus une ruine ultérieure, mais certains que la félicité conquise leur restera immuablement et pour l'éternité. Pour ceux au contraire qui sont pleins d'iniquités et de criminelles souillures, si la sainte doctrine leur fut autrefois départie, et s'ils l'ont tristement rejetée de leur esprit pour se précipiter dans la corruption des voluptés ignobles, le terme de cette vie étant arrivé, la loi des oracles divins cesse de leur paraître aussi méprisable ; ils voient d'un tout autre œil les charmes des plaisirs passagers, et glorifiant la vertu qu'ils ont follement négligée, ils sortent de ce monde misérablement et à regret, et totalement déchus de la douce espérance, à cause de leur déplorable conduite.

III. Mais parce qu'aucune de ces tristesses ne trouble le trépas du juste, quand il est parvenu à la fin de ses combats, il abonde de la joie la plus pure, et avec un sentiment de bonheur inouï, il prend le chemin de la sainte régénération. De leur côté, les proches du défunt, je veux dire ceux qui lui appartiennent par une divine parenté et par la ressemblance des mœurs, le nomment heureux, quel qu'il soit, d'avoir atteint victorieusement le but désiré ; ils adressent des cantiques d'action de grâces à l'auteur de son triomphe, et demandent d'obtenir eux-mêmes un semblable partage. Puis ils le prennent et le présentent au hiérarque comme au distributeur des saintes couronnes : l'hiérarque le reçoit avec empressement, et accomplit les rites sacrés que la loi fixe pour ceux qui s'endorment dans la sainteté.

Deuxième partie
Cérémonies observées à l'égard de ceux qui meurent dans la justice

Le divin hiérarque rassemble le chœur sacré. Si le défunt appartenait au rang des clercs, on le place devant l'autel, et le pontife commence la prière et l'action de grâces à Dieu. Si le défunt était de l'ordre des moines, ou du peuple saint, on le place dans l'oratoire et devant l'entrée du chœur, et le pontife fait également la prière et l'action de grâces. Puis les diacres récitent les promesses véridiques contenues dans les divines Écritures touchant notre résurrection, et chantent pieusement des hymnes empruntés aux psaumes touchant le même dogme et dans le même sens. Ensuite le premier des diacres renvoie les catéchumènes, proclame les noms de ceux qui dorment déjà dans la mort, met sur le même rang et récite le nom de celui qui vient de mourir, et invite les fidèles à demander pour leur frère défunt un doux repos en Jésus-Christ. Cependant, le divin hiérarque s'avance, prononce sur le cadavre une pieuse prière ; après quoi, il le salue, tous les assistants faisant le salut avec lui. Cette cérémonie achevée, le pontife répand de l'huile sur le défunt, prie saintement pour toute l'assemblée, et dépose le corps en un lieu honorable, à côté des corps de ceux qui occupaient durant leur vie le même rang hiérarchique.

TROISIÈME PARTIE

CONTEMPLATION

I. Si les profanes voyaient, ou entendaient réciter ces saintes cérémonies, ils en riraient éperdument sans doute et prendraient en pitié notre erreur. Mais il ne faut pas que cela nous étonne ; car s'ils ne croient pas, ils ne comprendront pas, comme dit l'Écriture [18]. Pour nous, considérant le sens spirituel des rites sacrés, et illuminés par Jésus-Christ, nous dirons que le hiérarque a raison de placer le défunt soit au temple, soit en sa dernière demeure parmi ceux qui eurent la même dignité : car c'est là un mystérieux avertissement que, dans la régénération, tous obtiendront précisément le sort qu'ils se seront fait durant la vie présente. Ainsi, celui qui aura mené sur terre une vie sainte et divine, autant qu'il est possible à l'homme d'imiter Dieu, jouira dans le siècle futur de la richesse d'une félicité divine ; celui qui aura mené une vie sainte aussi, mais moins divinement relevée, trouvera également les récompenses dues à ses œuvres. Quand donc le pontife a remercié Dieu de cette sainte répartition, il prononce sa prière, et célèbre l'adorable puissance de Dieu qui brise l'injuste et tyrannique empire sous lequel gémit notre nature, et évoque notre cause à son équitable tribunal.

II. Le chant et la lecture des promesses divines révèlent ce que sont ces demeures fortunées où doivent habiter éternellement ceux qui vécurent dans la

---

[18] Isaïe, VII, 9.

52

perfection, et en particulier celui dont on célèbre le trépas. Par là aussi les assistants sont pressés de tendre à un semblable terme.

III. Observez qu'ici, tous ceux qui s'occupent aux travaux de l'expiation ne sont pas exclus, comme il se fait dans les autres mystères. Mais les seuls catéchumènes sortent de l'assemblée, parce que, absolument privés de toute initiation aux choses saintes, il leur est défendu de contempler les cérémonies plus ou moins relevées que l'Église accomplit ; car ils n'ont pas encore reçu, dans la régénération, principe efficace de lumière, la faculté de voir nos redoutables sacrements. Au contraire, les autres classes de ceux qui se purifient, furent déjà initiées aux dons divins ; mais parce qu'ils se sont de nouveau précipités follement dans le mal, au lieu d'aspirer et d'atteindre à une perfection ultérieure, c'est juste qu'on les exclue de la vue et de la communion de ces mystères plus augustes que voilent les sacrés symboles : car il leur serait funeste d'y participer indignement, et ils en viendraient à un plus grand mépris et d'eux-mêmes et des choses divines. Leur présence aux cérémonies des funérailles est au contraire fondée en raison, car là, ils apprennent clairement et peuvent considérer l'incertitude où nous sommes de l'heure de la mort, les récompenses que nos oracles infaillibles promettent aux saints, et les douleurs infinies qui menacent les coupables comme eux. Ce leur sera peut-être une utile leçon d'entendre les ministres sacrés nommer celui qui vient de mourir pieusement, le glorifier avec solennité comme déjà reçu dans les rangs des saints qui existent dès l'origine des siècles. Peut-être il leur viendra le désir d'une gloire semblable, et les dépositaires de la science sacrée les auront convaincus que celui-là est véritablement heureux qui meurt dans le Christ.

IV. Puis le divin hiérarque s'avance et prononce sur le défunt une sainte prière ; après quoi il le salue, et tous les assistants le saluent à sa suite. Par cette prière, on sollicite la clémence divine de pardonner au défunt toutes les fautes qu'il a commises par humaine fragilité, de le recevoir en la lumineuse région des vivants, dans le sein d'Abraham, d'Isaac, et de Jacob, là où il n'y a plus ni douleur, ni tristesse, ni gémissement.

V. Tel est le radieux éclat des récompenses célestes. Car que pourrait-on comparer à une immortalité parfaitement exempte de tristesse et pleine de gloire et de lumière ? Et pourtant, ces promesses qui dépassent notre entendement, quoique exprimées en des termes proportionnés à notre infirme nature, ne portent que des noms bien inférieurs aux réalités qu'ils représentent. Car il faut croire à la vérité de la parole divine: «L'œil n'a point vu, l'oreille n'a point entendu et le cœur de l'homme n'a jamais conçu ce que Dieu a préparé à ceux qui l'aiment[19].»

VI. Vous allez dire peut-être que ce sont là des choses justes, mais que, néanmoins, elles n'expliquent pas pourquoi l'hiérarque s'adresse à la clémence divine et demande que le défunt obtienne la rémission de ses fautes et une glorieuse place parmi les élus dans l'héritage céleste. Car, si tous reçoivent de la justice d'en haut la récompense de ce qu'ils ont fait de bien ou de mal ici-bas, celui qui est mort ayant achevé sa course et ses œuvres personnelles, la prière pontificale peut-elle lui valoir un autre partage que celui qu'il a conquis lui-même, et qui est le paiement de sa vie terrestre?

Je sais très bien, pour l'avoir appris des saintes Lettres, qu'il sera donné à chacun selon son mérite:

«Car le Seigneur, est-il dit, tient un compte exact, et chacun recevra ce qui est dû aux bonnes ou mauvaises actions qu'il aura faites en son corps[20].» Ensuite, que les prières des justes ne soient d'aucune efficacité pour les vivants et à plus forte raison pour les morts, à moins qu'on ne soit digne de cette sainte intercession, c'est ce qui nous est transmis et enseigné par les Écritures. Car quel avantage revint à Saül de la prière de Samuel? et au peuple hébreu de la médiation de ses prophètes[21]? Tel que celui qui, s'arrachant l'organe de la vue, demanderait à jouir de la lumière du soleil dont la splendeur ne frappe que les yeux purs et sains: ainsi se nourrit de vaines et impossibles espérances celui qui, d'une part, réclame les prières des saints, et, de l'autre, combat les effets qu'elles produisent naturellement par sa négligence envers les grâces divines et par son éloignement des lumineux et bienfaisants préceptes de Dieu. J'affirme donc, conformément à la parole sacrée, que les prières des justes nous sont très utiles dans cette vie, mais à une condition, c'est que celui qui est désireux des dons divins et pieusement disposé à les recevoir, reconnaisse intimement sa propre indignité, qu'il s'adresse à quelques pieux personnages, les conjurant de lui venir en aide et de prier avec lui; alors, il retirera de ce concours un immense avantage alors il obtiendra les grâces célestes qu'il implore; la divine bonté lui ouvrira les bras à cause de la religieuse humilité de sa conscience et de son respect envers les saints, à cause du louable et pieux objet de ses désirs et de ses demandes, et des dispositions convenables où il s'est mis. Car ainsi le règlent les prescriptions de Dieu: les dons

---

[19] I Cor., II, 9.
[20] II Cor., V, 10.
[21] Reg., XVI, 1.

célestes sont accordés, dans l'ordre voulu, à ceux qui méritent de les recevoir par ceux qui méritent de les distribuer. Si donc quelqu'un viole cet ordre saintement établi, et, plein d'une déplorable présomption, s'estime suffisamment préparé au commerce divin et dédaigne le secours des justes ; s'il adresse à Dieu des demandes déplacées et profanes et n'a pas un ferme et constant désir des choses divines, assurément, et par sa faute, son imprudente prière sera rejetée.

Alors l'explication de ces prières que l'hiérarque prononce sur le défunt, je crois nécessaire de la donner, d'après les enseignements que nous ont transmis nos maîtres inspirés.

VII. Le pontife sacré est l'interprète des jugements divins, comme le dit l'Écriture ; il est l'ange du Seigneur tout-puissant. Or, il sait par les livres inspirés qu'une vie glorieuse et divine est réservée, d'après une équitable appréciation et en raison du mérite de chacun, à tous ceux qui auront vécu saintement, et que la charitable indulgence de Dieu daigne fermer les yeux sur les taches qu'ils ont contractées par humaine faiblesse ; car nul n'est exempt de souillure, comme il est encore écrit. L'hiérarque a lu ces promesses dans d'infaillibles oracles. Il demande donc qu'elles s'accomplissent et que les saintes récompenses soient accordées à ceux qui ont vécu dans la vertu. De plus, il représente comme une image de la divine bonté en priant pour les autres comme s'il s'agissait de ses intérêts personnels. En même temps, certain de l'immanquable effet des promesses sacrées, il explique et fait entendre aux assistants que ce qu'il demande, conformément aux prescriptions célestes, s'accomplira infailliblement en ceux qui ont persévéré dans une vie divine. Car l'hiérarque, interprète de l'équité divine, ne demanderait pas des choses que Dieu ne tiendrait point pour agréables et qu'il n'aurait pas promis de donner. Aussi ne fait-il pas de semblables prières pour ceux qui meurent dans le péché, non seulement parce qu'en cela il serait infidèle à sa mission d'interprète et s'ingérerait en des fonctions pontificales témérairement et sans l'inspiration de celui qui est l'auteur de nos mystères saints, mais encore parce que son imprudente prière serait sans résultat, et qu'il mériterait d'entendre cette parole pleine de justesse : « Vous demandez et ne recevez point parce que vous demandez mal [22] ». L'hiérarque demande donc seulement ce que Dieu a promis, ce qu'il a pour agréable, ce qu'il accordera infailliblement et par là, il témoigne au Dieu bon de la pureté de ses intentions saintes, et révèle clairement à l'assemblée quels biens sont réservés aux élus.

Comme interprètes des jugements divins, les pontifes ont également le droit

---

[22] Jacques, IV, 3.

de prononcer les exclusions, non pas, si l'on me permet cette explication, que la sagesse infinie obéisse avec dépendance à leurs transports déraisonnables, mais c'est que, par le mouvement du Saint-Esprit qui préside à notre hiérarchie, et dont ils sont les organes, ils séparent ceux que la justice de Dieu a déjà condamnés. Car il est écrit : « Recevez le Saint-Esprit ; à ceux dont vous remettrez les péchés, les péchés seront remis ; à ceux dont vous les retiendrez, ils seront retenus[23]. » Et il a été dit encore a celui qui fut illuminé par les révélations de l'être très saint : « Tout ce que vous aurez lié sur la terre sera lié dans les cieux, et tout ce que vous aurez délié sur la terre sera délié dans les cieux[24]. » Tellement que cet apôtre et tout pontife qui lui ressemble admettent les amis de Dieu et excluent les impies, en conséquence de la manifestation que le Père leur fait de ses augustes jugements, qu'ils interprètent ensuite et font connaître aux hommes. Car, comme nous l'apprend l'Écriture, ce n'est pas de son mouvement propre ni par les instincts de la chair et du sang, mais par l'inspiration de Dieu qui l'instruisait en esprit des saints mystères, que Pierre a prononcé sa glorieuse profession de foi en Jésus-Christ. Nos pontifes sacrés doivent donc user de leur droit d'excommunier et de tous leurs pouvoirs hiérarchiques par le mouvement de Dieu, qui a établi nos cérémonies saintes ; à son tour, le peuple fidèle doit obéir aux pontifes dans l'exercice de leurs fonctions, comme à des hommes inspirés ; car il est dit : « Qui vous méprise me méprise[25]. »

VIII. Mais revenons aux cérémonies qui suivent la prière. Quand elle est achevée, l'hiérarque salue le défunt que tous les assistants saluent à leur tour : car celui-là est digne de l'amour et de l'honneur de tous les justes qui a fini sa vie dans la sainteté. Après le salut, le pontife répand de l'huile sur le défunt. Or, souvenez-vous que, dans le sacrement de régénération, avant le saint baptême et quand l'initié a totalement dépouillé ses vêtements anciens, sa première participation aux choses sacrées consiste en l'onction de l'huile bénite ; et, au terme de la vie, c'est encore l'huile sainte qu'on répand sur le défunt. Par l'onction du baptême, on appelait l'initié dans la lice des saints combats ; l'huile versée sur le défunt signifie qu'il a fini sa carrière et mis fin à ses glorieuses luttes.

IX. Cette cérémonie terminée, le pontife place le corps du défunt dans un lieu honorable, parmi les corps sacrés de ceux qui appartiennent au même ordre. Car,

---

[23] Jean, XX, 22.
[24] Matthieu, XVI, 17.
[25] Luc, X, 16. Autre traduction : « Celui qui vous rejette me rejette ». NDE.

si le défunt a mené dans son corps et dans son âme une vie agréable à Dieu, le corps, aussi bien que l'âme, est digne d'honneur, parce qu'il a combattu avec elle en répandant de nobles sueurs. C'est pourquoi la justice divine réserve à l'âme et en même temps au corps, son collaborateur et son compagnon, des récompenses proportionnées à leur vie, soit bonne, soit mauvaise. Par la même raison, la hiérarchie divinement instituée appelle l'une et l'autre substance à la participation des grâces célestes : l'âme, par la contemplation pure et la science des sacrements qui s'accomplissent ; le corps, par l'onction figurative de l'huile sainte et par les symboles sacrés de la divine communion. De la sorte, l'homme est sanctifié dans sa nature entière ; son salut total est opéré, et il lui est donné de comprendre, par cette purification complète, que sa résurrection sera égaleraient entière, totale.

X. Quant aux invocations consécratoires des divers sacrements, on ne doit pas les expliquer par écrit, ni dévoiler ni produire publiquement ce qu'elles ont de mystérieux, et la vertu secrète que Dieu y a déposée. Mais lorsque, d'après les ordonnances de notre sainte tradition, vous aurez appris ces choses qu'il ne faut jamais divulguer, et que le divin amour et des œuvres pieuses vous auront confirmé dans une sainteté plus parfaite et plus intelligente, vous serez élevé par l'illumination mystique à la sublime science de ces réalités.

XI. Que les enfants qui ne sauraient comprendre les choses divines soient admis à recevoir la régénération sainte et les symboles vénérables de la divine communion, c'est pour les profanes, dites-vous, le sujet de railleries qu'ils croient légitimes : car alors l'hiérarque enseigne les choses divines à ceux qui ne peuvent écouter, il communique en vain les traditions saintes à ceux qui ne peuvent comprendre ; et, ce qui n'est pas moins ridicule, d'autres font pour ces enfants des abjurations et prennent de saints engagements. Mais il ne faut pas que votre prudence sacerdotale s'indigne contre ces méchants ; il vaut mieux prudemment les éclairer en réfutant charitablement leurs objections et en leur répondant, selon la loi sainte, que nos connaissances sont loin de s'étendre à la totalité des mystères divins, qu'il en est plus d'un qui nous demeure inconnaissable et que, pourtant, leurs raisons d'être, si elles nous échappent et ne sont connues que par les ordres supérieurs à notre humanité, sont tout à fait dignes de leur divine nature. Beaucoup échappent même aux essences les plus hautes et ne sont connues de façon exacte que par la sagesse divine, source de toute sagesse. Disons cependant ce que, sur ce point, nos saints maîtres, eux-mêmes initiés aux traditions les plus primitives, ont transmis jusqu'à nous.

Ils affirment, en effet, et c'est la vérité, que, si on les élève selon les saintes prescriptions, les enfants contracteront de saintes habitudes, qu'ils échapperont à tout égarement et aux tentations d'une vie impie. Ayant compris cette vérité, nos maîtres divins ont jugé bon d'admettre les enfants aux sacrements, à la condition que les parents naturels de l'enfant qu'on présente le confient à quelque bon maître, initié lui-même aux mystères sacrés, qui puisse achever son instruction religieuse, à titre de père spirituel et comme garant de son salut. A celui qui s'engage ainsi à conduire l'enfant sur les voies d'une vie sainte, le hiérarque demande de consentir aux abjurations rituelles et de prononcer les saintes promesses. Mais il est faux, comme le prétendent les railleurs, que le parrain s'initie aux secrets divins à la place de l'enfant, car il ne dit pas qu'il abjure ou qu'il s'engage saintement à la place de l'enfant, mais bien que c'est l'enfant lui-même qui abjure et promet. Ce qui signifie : « Je m'engage moi-même, lorsque cet enfant pourra comprendre les saintes vérités, à le former et à l'élever par mes divines instructions, de façon qu'il renonce à toutes les séductions de l'ennemi, qu'il s'engage dans de saintes promesses et qu'il les réalise en fait. »

TRAITÉ DES NOMS DIVINS

de Denys, prêtre

à Timothée, aussi prêtre

CHAPITRE I :
QUEL EST LE BUT DE CE DISCOURS,
ET QU'EST-CE QUI NOUS EST ENSEIGNÉ TOUCHANT
LES NOMS DIVINS

I. Après mes *Institutions théologiques*, ô pieux collègue, je crois devoir entreprendre l'explication des noms divins. Ici encore, revenons à la règle tracée par les Écritures : n'appuyons pas ce que nous affirmons de Dieu sur les paroles persuasives de la sagesse humaine, mais bien sur cette science forte que le ciel a inspirée à nos maîtres, et par laquelle nous sommes unis d'une façon ineffable et inconnue aux choses qu'on ne peut dire, ni savoir : union assurément supérieure à ce que peuvent et obtiennent notre raison et notre entendement. Que personne donc n'ait la présomption de rien dire, même de rien penser touchant la suressentielle et mystérieuse nature de Dieu, que ce qui nous en a été manifesté d'en haut par les saints oracles.

L'inconnaissance de cette sur-essentialité même qui surpasse tout discours, toute pensée, toute substance, tel doit être l'objet de la science suressentielle ; aussi ne devons-nous lever les yeux vers le haut que dans la mesure où se manifeste à nous le rayon même des saintes paroles divines, revêtant, pour recevoir les plus hautes lumières, la sobriété et de la sainteté qui conviennent aux objets divins. S'il faut faire confiance, en effet, à une théologie supérieurement sage et parfaitement vraie, c'est dans la mesure qui convient à chaque intelligence que les secrets divins se manifestent et se révèlent, puisque c'est la bonté même de la divinité qui, dans sa justice salvatrice, offre divinement aux êtres, comme une réalité infinie, sa propre inaccessible incommensurabilité. Car, de même que les intelligibles ne sauraient être saisis ni contemplés par les sensibles, de même que les objets simples et sans forme échappent à tout ce qui a forme et figure, et comme rien de ce qui a forme et figure ne peut concevoir l'incorporel ni comprendre l'immensité, — selon le même raisonnement véridique, toute essence est transcendée par l'indéfini suressentiel, comme toute intelligence par l'unité qui est au delà de toute pensée, et aucune raison ne peut discourir de l'Un qui surpasse tout discours, ni aucune parole rien exprimer du Bien qui est au dessus de toute parole, monade, Essence suressentielle, Intelligence intelligible et discours ineffable, exemple de raison, d'intelligence et de nom, n'ayant l'être selon le mode d'aucun être, cause de tout être et en même temps exclue de la catégorie de l'être, selon la révélation qu'elle fait elle-même de l'être très saint.

II. Ainsi donc qu'on l'a déjà dit, à l'égard de la divinité suressentielle et secrète, il faut éviter toute parole, voire toute pensée, hors de ce que nous révèlent divinement les saintes Écritures. Car c'est la divinité même qui, dans ces textes sacrés, a manifesté elle-même ce qui convenait à sa bonté. Mais à tout être, la science et la contemplation de sa nature intime restent parfaitement inaccessibles, car elle demeure suressentiellement séparée de tous les êtres. Les théologiens ne l'ont pas louée seulement en l'appelant invisible et indescriptible, mais encore insoupçonnable et inatteignable, car ils n'ont laissé aucune trace, ceux-là qui ont pénétré jusqu'à sa secrète infinité. Et pourtant le bien en soi ne demeure pas totalement incommunicable à tout être, car de sa propre initiative et comme il convient à sa bonté, il manifeste continûment ce rayonnement suressentiel qui demeure en lui, en illuminant chaque créature selon ce qui lui convient , et il entraîne vers lui les âmes saintes afin qu'elles le contemplent, qu'elles entrent en communion avec lui et qu'elles s'efforcent de lui ressembler ; je parle de ces âmes qui tendent vers lui comme il leur est permis de le faire, sans sacrilège, dans le respect sacré qui lui est dû, non de celles-là dont l'impuissante arrogance dépasse le mode de révélation divine qui leur fut concédé et qui était en harmonie avec leur situation, ni de celles qu'entraîne vers le bas leur propension au mal, mais bien de ces âmes qui, de façon ferme et constante, tendent les yeux vers le rayon qui les illumine, et qui, dans un élan amoureux proportionné aux lumières qu'elles ont reçues, avec une prudence sacrée, prennent leur vol vers lui sagement et saintement.

III. En nous soumettant ces disciplines ascétiques, qui régissent jusqu'aux saintes légions des hiérarchies célestes, en ne touchant au secret de la divinité qui transcende l'intelligence et l'essence que par la sainte vénération d'un esprit libéré de toute curiosité, en respectant l'ineffable par notre sage silence, nous sommes entraînés alors jusqu'à ces lumières qui nous viennent des saintes Écritures et leur splendeur nous pousse aux louanges divines, en nous illuminant d'une lumière qui n'est pas de ce monde, et en nous façonnant aux louanges saintes, de façon non seulement que nous accédions à ces lumières divines que concèdent ces louanges à la mesure de nos capacités, mais encore que nous louions le principe bienveillant de toute illumination divine, de la façon dont il s'est lui-même révélé dans les saintes Écritures. Ainsi dira-t-on, par exemple, qu'il est toute réalité : cause, principe, essence et vie ; appel et résurrection pour toute créature ;

résurrection et salut pour ceux qui ont perdu l'empreinte divine ; chasteté sainte pour ceux qu'un trouble émeut ; force, pour ceux qui demeurent fermes ; main secourable, pour ceux qui montent vers lui ; illumination, pour ceux qui cherchent la lumière ; perfection, pour les parfaits ; divinité pour les déifiés ; humilité, pour ceux qui deviennent humbles ; unité, pour ceux qui s'unissent, c'est-à-dire principe de tout principe, suressentiellement au-delà de tout principe ; et don bienfaisant du secret, autant qu'il est permis sans sacrilège de le dire ; et, pour tout dire enfin, vie de tout vivant, substance de tout être, principe et cause de toute vie et de toute substance, produisant et conservant dans sa bonté l'être de tout être.

IV. Voilà ce que nous enseignent les textes sacrés : que les louanges saintes des théologiens consistent, s'il est permis de le dire ainsi, exclusivement à disposer les noms divins dans leurs paroles et leurs chants d'après les manifestations bienfaisantes de la divinité. Ainsi, chez les théologiens, nous voyons la divinité saintement louée, soit comme simplicité et comme unité, à cause du caractère de simplicité et d'unité de ce sublime indivisible dont la puissance unifiante nous unifie et rassemble d'une façon divine la division des multiplicités pour nous conduire ensemble à l'unité conforme à la divinité et à cette unicité qui a Dieu même pour modèle. Car à la divinité seule appartient de connaître infiniment son infinie perfection, qui surpasse tout discours, toute pensée, toute substance ; mais l'homme l'ignore. Seulement, élevons le regard vers les cieux, autant que la lumière des paroles divines voudra nous éclairer, et pleins de discrétion et de sainteté en ce qui regarde ces mystères, n'aspirons pas aux plus sublimes splendeurs. En effet, d'après les profonds et véridiques enseignements de la théologie, les choses divines sont révélées et données en spectacle à chaque intelligence selon sa force propre ; et la bonté éternelle, usant d'une salutaire et sainte réserve, ne livre pas aux choses finies toute son incompréhensible immensité. Car, comme ce qui est intelligible ne peut être vu et saisi par les choses sensibles ; ni ce qui est simple et immatériel, par les choses multiples et composées ; ni enfin ce qui est incorporel, impalpable, sans figure et sans formes, par les choses revêtues de figures et de formes corporelles : ainsi, et par le même principe, l'infini dans son excellence reste supérieur à tous les êtres ; l'unité suréminente échappe nécessairement à toute conception ; l'unité sublime, nulle pensée ne peut l'atteindre et nulle parole n'exprime cet inexprimable bien ; unité mère de toute autre unité, nature suprême, intelligence incompréhensible, parole inénarrable, sans raison, sans entendement, sans nom ; elle n'existe point à la façon des autres existences ; auteur de toutes choses, de sa simplicité, de son absolue indivisibilité, en laquelle les hommes sont créés avec leur individualité propre, et, malgré leurs puissances multiples et diverses, ramenés à un merveilleux ensemble et à une sorte de divine unité : tantôt comme trinité, pour exprimer cette suréminente fécondité des trois personnes, d'où tire son origine et son nom toute paternité, au ciel et sur la terre. Il est loué ici comme souverain auteur de tout, parce que, effectivement, toutes choses ont reçu l'être de sa bonté créatrice ; là, comme sage et beau, parce que les êtres, s'ils conservent leur nature dans sa pureté originelle, sont pleins de divine harmonie et de céleste beauté. Enfin, il est excellemment nommé notre ami, parce qu'une des personnes divines daigna se faire véritablement homme, rappeler à soi et s'unir à l'humaine infirmité : miraculeuse alliance, où deux substances se rencontrèrent dans le seul Jésus, où l'éternel fut soumis aux conditions du temps, où celui qui dépasse infiniment toute nature, si élevée qu'elle soit, descendit jusqu'au néant de la nôtre, sans que néanmoins ses propriétés diverses en fussent altérées et confondues.

En un mot, il y a une foule d'autres lumières conformes à celles de l'Écriture, et que nos pères nous ont transmises dans le secret de leur enseignement traditionnel. Or, nous les avons recueillies, mais sous le déguisement de religieux symboles, comme le veut notre condition présente ; car dans sa tendresse pour l'humanité, la tradition sacerdotale, aussi bien que les divins oracles, cache ce qui est intelligible sous ce qui est matériel, et ce qui surpasse tous les êtres sous le voile de ces êtres même ; elle donne forme et figure à ce qui n'a ni forme ni figure, et par la variété et la matérialité de ces emblèmes, elle rend multiple et composé ce qui est excellemment simple et incorporel. Mais quand nous serons devenus incorruptibles et immortels, et que le Christ nous aura associés à sa félicité glorieuse, alors, comme il est écrit, «nous habiterons éternellement avec le Seigneur[26]» ; admis à la chaste contemplation de sa sainte humanité, il nous inondera des torrents de sa splendide lumière, comme il arriva aux disciples dans le mystère de la transfiguration ; également, il fera luire ses clartés intelligibles sur notre âme dégagée alors de la matière et des passions, et parmi les douceurs d'une inconcevable union, elle s'enivrera des rayons épanouis de ce merveilleux soleil, à peu près comme les célestes intelligences ; car, ainsi que dit la parole de vérité, nous serons semblables aux anges et enfants de Dieu, puisque nous serons enfants de la résurrection[27].

Mais ici-bas les choses divines ne nous apparaissent qu'au travers de symboles accommodés à notre infirme nature ; c'est par là que nous atteignons jusqu'à

---

[26] I Thes., IV, 17. Autre traduction : «nous serons entièrement avec le Seigneur». NDE.
[27] Luc, XX, 36.

un certain point les réalités spirituelles dans leur simplicité et leur unité, et que, possesseurs de ces connaissances touchant le monde angélique, nous faisons cesser toute opération de l'entendement, pour contempler, autant qu'il est permis, la splendeur de Dieu, lumière infinie, où sont fixées d'une façon ineffable les bornes de notre savoir, et qui ne peut être comprise, ni exprimée, ni vue parfaitement, parce qu'elle est supérieure à toutes choses et absolument inconnue; parce qu'elle renferme et dépasse éminemment les limites que peuvent atteindre l'essence et la force de toutes les créatures ensemble; parce qu'enfin, dans sa sublimité, elle n'est pas saisie par l'intelligence même des natures angéliques. Car, si toutes connaissances ont l'être pour objet, et finissent là où l'être finit, nécessairement celui qui l'emporte sur tout être échappe aussi à toute connaissance.

V. Mais si Dieu excède toute parole, tout savoir, tout entendement, toute substance, parce qu'il saisit, embrasse, étreint et pénètre éternellement toutes choses; s'il est absolument incompréhensible; s'il n'offre pas prise aux sens, à l'imagination, aux conjectures; si l'on ne peut le nommer, le décrire, l'atteindre par l'intelligence, le connaître, comment donc avons-nous promis un *Traité des noms divins*, quand il est démontré que l'être suprême n'a pas de nom et qu'il est au-dessus de tout nom?

Assurément, comme l'enseigne notre livre des *Institutions théologiques*, on ne saurait exprimer, ni concevoir ce qu'est cet un, cet inconnu, cette nature infinie, cette bonté essentielle, je veux dire cette unité en trois personnes, qui sont un seul et même Dieu, un seul et même bien. Il y a plus: ce pieux commerce des vertus célestes, avec la bonté pleine à la fois de clarté et de mystère, qu'on regarde la chose soit en Dieu qui se donne soit dans les anges qui reçoivent, ce pieux commerce n'est ni expliqué, ni connu; et même dans ces rangs sacrés, ceux-là seuls en savent quelque chose qui sont élevés à un degré de connaissance supérieure. Il y a parmi nous des esprits appelés à une semblable grâce, autant qu'il est possible à l'homme de se rapprocher de l'ange: ce sont ceux qui, par la cessation de toute opération intellectuelle, entrent en union intime avec l'ineffable lumière. Or, ils ne parlent de Dieu que par négations; et c'est hautement convenable, car, en ces suaves communications avec lui, ils furent surnaturellement éclairés de cette vérité, que Dieu est la cause de tout ce qui est, mais n'est rien de ce qui est, tant son être l'emporte sur tout être!

Ainsi, quelle que soit en elle-même sa nature suprasubstantielle et sa bonté immense, quiconque honore cette vérité qui dépasse toute vérité, ne la nommera pas raison, puissance, entendement, vie ou essence; mais il la présentera comme surpassant d'une façon incomparable tout ce qui est habitude, mouvement, vie, imagination, conjecture, dénomination, parole, raisonnement, intuition et substance, tout ce qui est invariable et fixe, tout ce qui est union, limite, infinité, toutes choses enfin. Puis donc que Dieu, qui est la bonté par essence, en vertu de son être a produit tous les êtres, il convient de louer sa providence, source de tout bien, par ses propres ouvrages. Car toutes choses sont autour d'elle, et existent pour elle; elle précède toutes choses, et en elle toutes choses subsistent; c'est parce qu'elle est, que l'univers fut produit et qu'il se conserve; et la création entière gravite vers elle: les natures douées d'intelligence et de raison, par la connaissance; les natures inférieures, par la sensibilité; et les autres, par le mouvement de la vie, ou au moins par le fait de leur existence comme substances, ou comme modes.

VI. C'est d'après cette double idée que les théologiens disent qu'on ne saurait nommer Dieu, et pourtant lui appliquent tous les noms. Ainsi, d'une part, ils rapportent qu'en l'une de ces mystérieuses rencontres où elle se manifeste sous forme sensible, la divinité fit reproche au mortel qui avait demandé: «Quel est votre nom[28]?» et qu'elle ajouta, comme pour le détourner de la recherche de cet auguste secret: «Pourquoi me demandes-tu mon nom? Il est admirable[29].» Et n'est-il pas réellement admirable ce nom sublime, qu'on ne peut prononcer, et qui est placé au-dessus de tous les noms soit du siècle présent, soit du siècle le futur[30]?

D'un autre côté: la théologie applique à Dieu toutes les dénominations; elle le représente disant de lui-même: «Je suis celui qui suis[31];» je suis la vie, la lumière, le Seigneur, la vérité[32]. Elle le célèbre comme créateur; et décrivant la multitude de ses œuvres, elle le nomme bon, beau, sage et bien-aimé; elle le nomme Dieu des dieux, Seigneur des seigneurs, Saint des saints, l'Éternel, l'Être, et le Père des siècles; elle le nomme auteur de la vie, sagesse, intelligence, Verbe. Il connaît, il possède sous les trésors de la science; il est fort et puissant; c'est le Roi des rois, et l'Ancien des jours: il est sans vieillesse et sans vicissitude; il est salut, justice, sanctification et rédemption; il surpasse tout par sa grandeur; il est porté par un vent léger. Il habite les cœurs, les esprits et les corps, le ciel et la terre; constamment immuable, il est dans le monde, autour du monde, par delà le monde, par delà les cieux, par delà toute substance; il est soleil, étoile, feu et

---

[28] Gen., XXXII, 29.
[29] Juges, XIII, 18.
[30] Ephes., I, 21.
[31] Exod., III, 14.
[32] Jean, XIV, 6 et VIII, 12; Gen., XXVIII, 13.

eau, vent, rosée et nuage, pierre angulaire et rocher ; il est tout ce qui est, et n'est rien de ce qui est[33].

VII. C'est pourquoi il convient également de n'appliquer aucune dénomination et de les appliquer toutes au suprême auteur de tout ce qui existe : par là, on confesse qu'il possède sur la création un empire absolu ; que toutes choses se rattachent à lui comme à leur centre, le reconnaissent pour leur cause, leur principe et leur fin, et qu'il est « tout en tous[34] », selon l'expression des Écritures ; par là, on proclame avec raison qu'il produit les êtres, leur conférant l'existence ou la perfection ; qu'il veille à leur conservation, et leur sert d'abri, pour ainsi parler ; enfin qu'il les ramène à lui, toujours un, incompréhensible, ineffable. Et en effet, Dieu n'est pas seulement le principe de la conservation de la vie et de la perfection, pour qu'on désigne par quelque bienfait partiel sa bonté qui est au-dessus de tout nom ; mais au contraire, parce que, dans la richesse infinie et la simplicité de sa nature, il a vu et embrassé éternellement tous les êtres, par la douce bonté de son universelle providence, ce qu'il y a de réalité en tout peut être affirmé de lui.

VIII. Même, ce n'est pas rien qu'aux actes et aux objets de cette providence générale ou particulière que les théologiens empruntent les noms divins ; mais ils s'inspirent encore des apparitions merveilleuses qui, dans les temples, ou ailleurs, ont éclairé nos initiateurs et les prophètes ; et, selon la diversité des circonstances et des visions, ils imposent divers noms à cette bonté qui surpasse toute magnificence et toute expression. Ils la revêtent de formes humaines, et la représentent sous le symbole du feu et de l'électre ; ils lui donnent des yeux, des oreilles, une chevelure, un visage, des mains, des épaules, des ailes, des bras, un dos et des pieds. Ils parlent de sa couronne, de son trône, de son calice, de sa coupe, et d'une foule d'autres attributions figuratives, que nous essaierons d'expliquer dans notre théologie symbolique[35].

Mais pour l'instant, recueillons dans les saints oracles ce qui se rapporte au traité que nous avons entrepris ; et ne perdant pas de vue désormais la règle que nous avons préalablement tracée, arrivons à l'explication mystique des noms divins. Pour nous conformer aux pieuses prescriptions de la théologie, contemplons avec l'œil d'un esprit déifié ces appellations par lesquelles Dieu se mani-

---

[33] Script., passim.
[34] I Cor., XV, 2.
[35] Script., passim.

feste vraiment, et inclinons l'oreille d'un cœur pur vers l'interprétation qui en est donnée. Puis, dociles à l'enseignement traditionnel qui veut qu'on réserve aux saints les choses saintes, ne les livrons pas à la risée et aux moqueries des profanes ; et si parfois de semblables hommes se rencontrent, détournons-les plutôt de la malheureuse guerre qu'ils font à Dieu. Gardez donc fidèlement ce secret, comme l'ordonne la tradition, ô bien-aimé Timothée, et n'allez pas inconsidérément divulguer les choses divines aux indignes. Pour moi, que Dieu m'accorde de louer dignement tous les noms de cette infinie bonté qui ne peut être désignée par aucun nom, et qu'il n'ôte pas de dessus mes lèvres la parole de vérité.

CHAPITRE II :
APPELLATIONS COMMUNES ET PARTICULIÈRES
DES PERSONNES DIVINES, ET CE QUE C'EST QU'UNITÉ,
ET DISTINCTION EN DIEU

I. D'après l'enseignement des saintes Lettres, la bonté essentielle est un attribut qui caractérise et fait connaître la nature même de Dieu. Et réellement n'est-ce pas ce que la théologie a voulu dire, quand elle nous montre la divinité elle-même prononçant ces mots : Pourquoi me nommez-vous bon ? Il n'y a personne de bon que Dieu seul[36]. Or, nous avons examiné et établi ailleurs que toutes les dénominations qui conviennent à Dieu, l'Écriture les applique non pas à quelqu'une des adorables personnes exclusivement, mais bien à la divinité considérée dans toute sa perfection, dans son intégrité et sa plénitude, et qu'elle désigne ainsi sans distinction, sans réserve et d'une façon générale et absolue, l'infinie richesse de l'essence divine tout entière. Effectivement, comme nous l'avons marqué, en nos *Institutions théologiques*, nier que cette parole doive s'entendre des trois personnes à la fois, c'est un blasphème, c'est entreprendre criminellement de déchirer l'unité de leur indivisible nature. L'oracle a donc le sens que nous lui donnons, car le Verbe qui est la bonté par essence a dit : « Je suis bon[37], » et le Saint-Esprit est nommé bon dans les chants inspirés du prophète[38].

Si l'on soutient que cette affirmation : Je suis celui qui suis[39], ne s'étend pas la divinité tout entière ; si on la veut limiter en ne l'attribuant qu'à une seule personne, comment expliquer ce qui se lit ailleurs : Voici ce que dit celui qui est, qui était, qui viendra, le Tout-Puissant[40] ; et encore : Pour vous, vous êtes constamment le même[41] ; et enfin : L'esprit de vérité qui est, et qui procède du Père[42] ?

Et si l'on prétend que la vie n'appartient pas à la Trinité tout entière — comment donc sera vraie cette parole du Verbe sacré : Comme le Père ressuscite les

---

[36] Matth., XIX, 17.
[37] Ibid., XX, 15.
[38] Psalm., CXLII, 3.
[39] Exod., III, 14.
[40] Apoc., I, 4.
[41] Psalm., CXLIX, 28.
[42] Jean, XV, 26.

morts et leur donne la vie, de même le Fils donne la vie à qui il veut[43]; et cette autre: C'est l'Esprit qui vivifie[44]?

Que la divinité ait sur tout l'univers une souveraine domination, c'est évident pour ce qui regarde le Père et le Fils; et les saintes Lettres, en mille endroits, donnent le titre de Seigneur au Père et au Fils. Or, le Saint-Esprit est bien Seigneur aussi. Également, on attribue la beauté et la sagesse à la divinité tout entière; et la lumière, la puissance de déifier, la causalité et les autres propriétés absolues de l'essence divine sont citées par les Écritures pour caractériser la divinité sans distinction. C'est ainsi qu'il a été dit en général: «Tout est de Dieu[45]!» et d'une personne en particulier «Toutes choses ont été faites par lui et pour lui, et subsistent en lui[46];» et de la troisième enfin: «Vous enverrez votre Esprit, et ils seront créés[47].» En un mot, le Verbe divin lui-même a dit: «Mon Père et moi, nous sommes une même chose[48];» et: «Tout ce que possède mon Père m'appartient[49];» et: «Tout ce qui est à moi est à vous, et ce qui est à vous est à moi[50].»

Et ce qui lui est commun avec le Père, comme d'opérer des œuvres divines, de recevoir un culte religieux, d'être féconde et inépuisable causalité, et de distribuer les dons de la grâce, il le transmet et communique au Saint-Esprit dans une union substantielle. Et je pense que quiconque se livre à l'étude des saintes Lettres avec une intention droite et pure, avouera sans peine que tout ce qui est en Dieu se trouve également dans les trois personnes également parfaites. Je me borne donc à l'indiquer sommairement ici, parce qu'ailleurs je l'ai péremptoirement établi par le témoignage développé des Écritures: les appellations communes et absolues que je tenterai d'expliquer doivent s'entendre de la divinité tout entière.

II. Si quelqu'un objecte qu'ainsi nous confondons en Dieu ce qu'on y doit distinguer, nous répondons qu'il lui serait bien impossible de démontrer la légitimité de son reproche. Car, si ce contradicteur nie en principe l'autorité des divins oracles, il est alors absolument étranger à notre philosophie; et, puisqu'il n'a souci de la sagesse sacrée de nos saints livres, pourquoi vouloir l'initier à la

---

[43] Jean, V, 21.
[44] Ibid., VI, 64.
[45] Cor., XI, 10.
[46] Rom., II, 36.
[47] Psalm., CIII, 30.
[48] Jean, X, 30.
[49] Ibid., XVI, 15.
[50] Ibid., XVII, 10.

science théologique ? Mais s'il accepte la parole véridique des Écritures, guidés aussi par cette règle et éclairés de cette lumière, nous aurons hâte de lui exposer avec bonne volonté nos moyens de défense. Nous répondrons que l'enseignement sacré parle tantôt d'identité, tantôt de distinction ; qu'on ne doit pas diviser ce qui est un, ni confondre ce qui est distinct, et que, dociles à cette doctrine, il faut en recevoir avec fidélité les splendeurs augustes, car c'est par là que les secrets divins nous sont manifestés ; et ce qu'ils nous ont donné d'en savoir, nous aspirons à le conserver comme une règle parfaite de la vérité, sans addition, ni retranchement, ni altération aucune. Ainsi, ce religieux respect sera et notre sauvegarde personnelle, et notre force pour justifier quiconque professe la même soumission envers les Écritures.

III. D'après cela, et comme il a été longuement démontré dans nos *Institutions théologiques* par le témoignage des saintes Lettres, sont communs à la Trinité tout entière les noms qui la placent au-dessus de toute bonté, divinité, essence, vie et sagesse ; et tous les noms de cette théologie qui procède par négation transcendantale ; et également ceux qui accusent la causalité, comme bonté, beauté, être, force vivifiante, sagesse ; et ceux enfin qui expriment les doux bienfaits pour lesquels Dieu est appelé principe de toute chose bonne. Au contraire sont distincts les noms et les personnes du Père, du Fils et du Saint-Esprit, tellement qu'on ne saurait faire en ce point des affirmations réciproques ou absolument générales. Il faut regarder aussi comme propres et incommunicables l'incarnation de Jésus, qui s'est fait homme sans cesser d'être Dieu, et les œuvres mystérieuses qu'il a véritablement opérées en son humanité sainte.

IV. Mais je crois qu'il importe de reprendre la chose de plus haut et d'exposer ce que c'est que cette unité et distinction parfaite en Dieu, afin de donner plus de clarté à nos paroles, évitant la confusion et l'obscurité, et procédant avec toute la précision, la netteté et l'ordre possibles. Or, ainsi qu'il a été dit ailleurs, nos ancêtres dans la science théologique nomment unité en Dieu les mystérieuses et absolues propriétés de cette indivisible essence qu'on ne peut ni exprimer ni connaître ; et ils nomment distinctions les processions et manifestations de la fécondité divine. Puis ils ajoutent, toujours, d'après les Écritures, que cette unité radicale a ses caractères particuliers, et qu'en chaque distinction il y a une unité et des distinctions relatives. Par exemple, dans l'unité absolue de sa nature transcendante, la Trinité entière possède en commun l'être à son plus haut degré, la divinité avec toute sa richesse, la bonté incommensurable, l'éternelle immutabilité d'une indépendance sans bornes, l'unité par excellence. A la Trinité entière le privilège de ne pouvoir être nommée et de mériter tous les noms, d'être incompréhensible et pourtant conçue, de créer et de détruire, de ne pouvoir être ni créée ni détruite. Aux trois adorables personnes ensemble la gloire d'habiter persévéramment l'une dans l'autre, si je puis parler ainsi, tellement que la plus stricte unité subsiste avec la distinction la plus réelle. C'est ainsi, pour me servir d'exemples sensibles et familiers, que, dans un appartement éclairé de plusieurs flambeaux, les diverses lumières s'allient et sont toutes en toutes, sans néanmoins confondre ni perdre leur existence propre et individuelle, unies avec distinction et distinctes dans l'unité. Effectivement, de l'éclat projeté par chacun de ces flambeaux, nous voyons se former un seul et total éclat, une même et indivisée splendeur, et personne, que je sache, ne pourrait, dans l'air qui reçoit tous ces feux, discerner la lumière de ce flambeau d'avec la lumière des autres, ni voir celle-ci sans celle-là, toutes se trouvant réunies, et non pas mélangées, en un commun faisceau. Que si l'on vient à enlever de l'appartement une de ces lampes, l'éclat qu'elle répandait sortira en même temps ; mais elle n'emportera rien de la lumière des autres, comme elle ne leur laissera rien de la sienne propre ; car, ainsi que je l'ai dit, l'alliance de tous ces rayons était intime et parfaite, mais n'impliquait ni altération, ni confusion. Or, si ce phénomène s'observe dans l'air, qui est une substance grossière, et à l'occasion d'un feu tant matériel, que sera-ce donc de l'union divine, si infiniment supérieure à toute union qui s'accomplit non seulement entre les corps, mais encore entre les âmes et les purs esprits ? surtout si l'on songe que les anges, ces saintes et sublimes lumières, s'allient et se pénètrent excellemment et sans confusion, selon le degré où il leur est donné de participer à cette union parfaite qui subsiste en Dieu.

V. Si les noms divins doivent s'appliquer avec distinction, ce n'est pas seulement lorsqu'il s'agit d'exprimer, comme j'ai fait plus haut, que les adorables personnes, dans leur parfaite union, conservent leur subsistance propre, mais aussi lorsqu'il faut marquer qu'en la génération éternelle toutes choses ne sont nullement réciproques. Ainsi, le Père seul est la source substantielle de la divinité ; et le Père n'est pas le Fils, et le Fils n'est pas le Père ; et la langue sainte attribue invariablement à chaque personne ses propriétés relatives. Voilà ce qu'il y a de commun et de distinct dans cette ineffable et indivisible nature.

Mais il faut encore nommer distinction en Dieu les œuvres qu'il produit dans sa bonté féconde, l'unité restant inaltérable, mais se dissimulant sous des formes multiples. Et alors, cette distinction est commune aux trois personnes ; car elle a pour fondement l'acte incompréhensible par lequel Dieu répand l'être, la vie, la sagesse et les autres merveilles de sa bienfaisance, qui se manifeste dans ses largesses et dans ceux qui en sont l'objet comme incommunicable à la fois et daignant se communiquer. C'est donc chose indivisible, et par suite propre à toute la Trinité, d'admettre les créatures à sa participation non pas substantielle, mais réelle cependant ; ainsi en est-il du point placé au centre d'un cercle, par rapport aux lignes tirées de la circonférence jusqu'à lui ; ainsi encore de nombreuses empreintes participent du sceau qui les a gravées en laissant à chacune d'elles sa forme entière sans rien laisser de sa substance. Mais ces exemples représentent mal ce qu'il faut penser en ce peint de la cause souveraine du monde ; car il n'y a ni contact, ni alliance qui établisse l'unité entre elle et ceux qui sont honorés de sa participation.

VI. On m'objectera peut-être que la marque du cachet n'est pas toujours parfaite, ni toujours la même. Mais il ne faut pas s'en prendre au motif qui se présente avec des conditions absolument identiques ; la différence des matières qu'il frappe détermine seule l'inégalité qu'on observe parmi les empreintes, quoique, dans les divers cas, la forme originale soit de tout point identique. Par exemple, si la matière est douce et facilement imprimable, polie et neuve encore ; si elle n'offre pas de résistance par sa solidité, et si elle n'a pas trop de mollesse et trop peu de consistance, elle recevra l'image pure, parfaite et durable. Mais s'il lui manque quelqu'une des propriétés qu'on vient de dire, alors elle ne reproduira pas le sceau, ou ne le reproduira qu'infidèlement, et avec les inexactitudes qui doivent dériver de son imperfection même.

Mais il faut admettre encore la distinction, lorsqu'il s'agit du salut qui nous fut accordé par la divine miséricorde : car c'est le Verbe suressentiel, qui seul a pris véritablement notre nature en tout ce lui la constitue ; qui seul a opéré et souffert les choses que Dieu opéra et souffrit par cette sainte humanité. Ni le Père, ni le Saint-Esprit n'eurent part en cet abaissement, à moins qu'on veuille dire que pourtant ils n'y furent pas étrangers, à raison du pardon plein d'amour qui nous fut octroyé, à raison encore de la valeur surhumaine et ineffable des actes que produisit par son humanité celui qui est immuable en tant que Dieu et Verbe le Dieu.

C'est ainsi que nous essayons d'unir et de distinguer dans nos discours ce qui est un et distinct dans la divinité.

VII. Les hautes et pieuses raisons de ces unions et distinctions divines, nous les avons puisées dans les saints oracles, et déduites, avec autant de détail qu'il se pouvait, en nos *Institutions théologiques*. Nous avons éclairci les unes par des développements pleins de vérité, appliquant un esprit calme et pur aux lumineux enseignements des Lettres sacrées ; pour les autres qui sont mystiques, nous les avons étudiées, comme veut la tradition, par cette faculté supérieure à toute opération intellectuelle. Car nous ne connaissons les choses divines et ce que le ciel nous manifeste qu'autant que nous y participons ; mais de dire ce qu'elles sont dans leur principe et dans leurs formes, c'est ce qui dépasse tout entendement, toute nature, toute science. Ainsi, lorsque nous nommons ce mystérieux océan de l'être, Dieu, vie, substance, lumière, ou Verbe, nous ne concevons autre chose que les grâces qui nous en viennent et par lesquelles la déification, l'existence, la vie et la sagesse nous sont départies ; mais pour lui, nous ne l'atteignons que par le repos complet des facultés de l'entendement, n'apercevant plus ni déification, ni vie, ni substance qui soutienne comparaison exacte avec cette cause première, élevée de manière suréminente par-dessus tout. Ainsi encore, nous avons appris des saintes Écrittires que le Père est la source le la divinité ; que le Fils et l'Esprit sont, pour parler de la sorte, les fruits de sa fécondité, et comme les fleurs et l'éclat de cette riche nature ; mais comment cela se fait-il, c'est ce qu'on ne peut ni dire, ni concevoir.

VIII. La force de notre pensée se borne à entendre, que toute paternité et filiation sainte, parmi nous et dans les rangs des anges, dérivent de cette paternité et filiation primitives et sublimes ; et que c'est de la sorte que les esprits revêtus de pureté deviennent par la grâce et sont appelés dieux, fils et pères de dieux. Et cette mystérieuse fécondité s'exerce spirituellement, c'est-à-dire sans l'intermédiaire des sens, ni de la matière, mais par l'intelligence. Au reste, l'Esprit saint s'élève par-dessus toute immatérialité et déification possibles, comme le Père et le Fils l'emportent excellemment sur toute paternité et filiation créées. Car il n'y a pas de comparaison parfaite entre les effets et leurs causes ; à la vérité, les effets ont une lointaine ressemblance avec leur cause ; mais la cause conserve sur les effets une supériorité inexpugnable, précisément parce qu'elle est leur principe. Ainsi, pour me servir d'exemples connus, on dit que le plaisir et le chagrin donnent gaieté et tristesse, mais non pas qu'ils se réjouissent et s'attristent ; le feu échauffe et brûle ; mais il n'est lui-même ni échauffé, ni brûlé. Et il ne me semble pas qu'on dise heureusement que la vie elle-même vit, et que la lumière est éclairée, à moins peut-être qu'on veuille marquer par là que la cause possède essentiellement et par excellence tout ce qui est dans son effet.

IX. Ce qu'il y a de plus sensible dans la sainte doctrine, le fait de l'incarnation du Sauveur, ne saurait être exprimé par aucune parole, ni connu par aucun entendement, non pas même par le premier et le plus sublime des archanges.

Que Dieu se soit réellement fait homme, c'est une vérité que nous avons religieusement acceptée. Mais comment fut-il formé du pur sang d'une vierge, contrairement aux lois de la nature? comment foula-t-il les flots d'un pied sec, et sans que leur mobilité et leur inconsistance cédassent sous le poids de son corps? comment enfin s'accomplirent les autres miracles du Seigneur? c'est ce qu'il nous est impossible de comprendre.

Mais nous avons ailleurs suffisamment traité ce point, et notre illustre maître, dans ses *Éléments de théologie*, en a dit d'admirables choses, soit qu'il les eût reçues des pieux théologiens; soit qu'il les eût découvertes dans les Écritures par une savante investigation, et après de laborieuses études; soit enfin qu'il en fut instruit par quelque inspiration spéciale, ayant non seulement appris, mais encore expérimenté les choses divines, et façonné par cet enseignement du cœur, si je puis parler ainsi, à cette union mystique et à cette foi qu'on ne puisera jamais dans les leçons d'un homme. Pour exposer dans un court fragment quelques-unes des suaves contemplations de cette puissante intelligence, citons ce qu'il a écrit, dans l'ouvrage indiqué plus haut, touchant Jésus-Christ.

Extrait des *Éléments de théologie* du bienheureux Hiérothée.

X. «La divinité du Seigneur Jésus est la cause et le complément de tout; elle maintient les choses dans un harmonieux ensemble, sans être ni tout, ni partie; et pourtant elle est tout et partie, parce qu'elle comprend en elle et qu'elle possède, par excellence et de toute éternité, le tout et les parties. Comme principe de perfection, elle est parfaite dans les choses qui ne le sont pas; et en ce sens qu'elle brille d'une perfection supérieure et antécédente, elle n'est pas parfaite dans les choses qui le sont. Forme suprême et originale, elle donne une forme à ce qui n'en a pas; et dans ce qui a une forme, elle en semble dépourvue, précisément à cause de l'excellence de la sienne propre.

Substance auguste, elle pénètre toutes les substances, sans souiller sa pureté, sans descendre de sa sublime élévation. Elle détermine et classe entre eux les principes des choses, et reste éminemment au-dessus de tout principe et de toute classification. Elle fixe l'essence des êtres. Elle est la durée, elle est plus forte que les siècles et avant tous les siècles. Sa plénitude apparaît en ce qui manque aux créatures; sa surabondance éclate en ce que les créatures possèdent. Indicible, ineffable, supérieure à tout entendement, à toute vie, à toute substance, elle a surnaturellement ce qui est surnaturel, et suréminemment ce qui est suréminent.

De là vient (et puissent nous concilier miséricorde les louanges que nous donnons à ces prodiges qui surpassent toute intelligence et toute parole), de là vient qu'en s'abaissant jusqu'à notre nature, et prenant en réalité notre substance, et se laissant appeler homme, le Verbe divin fut au-dessus de notre nature et de notre substance, non seulement parce qu'il s'est uni à l'humanité sans altération ni confusion de sa divinité, et que sa plénitude infinie n'a pas souffert de cet ineffable anéantissement ; mais encore, ce qui est bien plus admirable, parce qu'il se montra supérieur à notre nature et à notre substance dans les choses mêmes qui sont propres à notre nature et à notre substance, et qu'il posséda d'une façon transcendante ce qui est à nous, ce qui est de nous. »

XI. Mais c'est assez sur ce point. Revenons à notre but et essayons de développer les noms divins qui expriment une distinction absolument commune aux trois personnes de la Trinité. Et afin qu'on s'entende parfaitement sur ce que nous allons dire, nous nommons distinction, ainsi qu'on a vu plus haut, toutes les productions de la bonté divine. Car, en appelant les êtres à sa participation et en laissant déborder sur eux le torrent de ses bienfaits, la divinité devient chose séparable, multiple, nombreuse en ses œuvres, sans qu'elle-même se divise, perde sa simplicité, sorte de son unité. Ainsi, parce que, du sein de son unité adorable, Dieu distribue les existences et crée tous les êtres, on dit que cette sublime unité se multiplie en ces êtres divers qu'elle produit ; et néanmoins, à travers la multiplicité, la production, la distinction de toutes choses, il reste identique, inaltérable, indivisible, parce qu'il est éminemment supérieur à tout ; qu'il exerce sa fécondité sans fractionner sa substance, et qu'il répand ses dons sans que son trésor s'appauvrisse. De même quand il communique l'unité à chaque partie et totalité, à chaque individualité et multitude, il garde essentiellement son unité immuable, non point comme partie du tout ni comme un tout composé de parties. Ce n'est pas ainsi, certes, qu'il est un, qu'il participe à l'unité, qu'il possède l'unité ; mais il est l'unité transcendante, l'unité radicale des êtres ; il est totalité indivisible, plénitude incommensurable ; il crée, perfectionne et embrasse toute unité et multitude. Enfin, lorsque par la grâce divine, les créatures, selon leur capacité respective, se transforment en dieux, il semble, et l'on dit effectivement, qu'il y a pluralité de dieux divers et toutefois le Dieu-principe et supérieur reste essentiellement seul, uni à lui-même, indivisé dans les choses divisibles, pur de tout mélange et constamment simple dans les choses multiples. C'est ce qu'entendait surnaturellement celui qui nous guida, mon maître et moi, vers la lumière céleste, personnage profond dans les choses saintes et glorieuse lumière du monde, lorsque sa main inspirée écrivait ceci : « Quoiqu'il y en ait qui soient nommés dieux tant au ciel que sur la terre, et qu'il y ait ainsi plusieurs dieux et plusieurs seigneurs, pour nous, nous n'avons qu'un seul Dieu Père qui a créé toutes choses et qui nous a faits pour lui, et un seul Seigneur Jésus-Christ par qui tout a été fait, et par qui nous sommes[51].» Car, en Dieu, l'unité précède et domine la distinction; mais la distinction n'entame pas, ne déchire pas l'unité.

Or, nous voulons de tout notre cœur célébrer ces distinctions, ou, si l'on veut, ces œuvres de bonté absolument communes à la divinité tout entière, expliquant les noms divins par lesquels l'Écriture nous les représente. Mais il demeure constant que toutes les saintes appellations qui expriment la bienfaisance doivent s'entendre indistinctement de la Trinité tout entière, quelque personne divine qu'on veuille désigner d'ailleurs.

---

[51] I Cor., VIII, 5.

CHAPITRE III :
DE LA FORCE DE LA PRIÈRE ; DU BIENHEUREUX HIÉROTHÉE ; DE LA PIÉTÉ ET DE LA MANIÈRE DE PARLER DE DIEU

I. Commençons, si vous le jugez convenable, par étudier le nom de bonté, qui exprime plus parfaitement la totalité des œuvres divines. Et d'abord invoquons la Trinité, bonté suprême, cause de tout bien, qui nous dévoilera elle-même les secrets de sa douce providence. Car il faut, avant tout, que la prière nous conduise vers le bienfaisant Créateur, et que, approchant de lui sans cesse, nous soyons initiés de la sorte à la connaissance des trésors de grâces dont il est comme environné. A la vérité, il est présent à toutes choses ; mais toutes choses ne se tiennent pas présentes à lui. Quand nous l'appelons à notre aide par une prière chaste, l'esprit dégagé d'illusions et le cœur préparé à l'union divine, alors nous lui devenons présents ; car on ne saurait dire qu'il soit jamais absent, puisqu'il n'habite pas un lieu et qu'il ne passe point d'une place à l'autre. Et même affirmer qu'il est dans tous les êtres, c'est exprimer bien mal son infinité qui comprend et surpasse toutes choses. L'homme s'élève donc par la prière à la contemplation sublime des splendeurs de la divine bonté : tels, si une chaîne lumineuse attachée à la voûte des cieux descendait jusque sur la terre, et si, la saisissant, nous portions sans cesse et l'une après l'autre les mains en avant, nous croirions la tirer à nous, tandis qu'en réalité elle reste immobile à ses deux extrémités, et que c'est nous qui avançons vers le splendide éclat de son radieux sommet. Tels encore, si, montés dans un navire, nous tenions pour nous aider un câble fixé à quelque rocher, nous ne ferions pas mouvoir le rocher, mais bien plutôt nous irions à lui, et le navire avec nous. Tel enfin, si, du bord d'un bateau, quelqu'un venait à pousser les montagnes du rivage, il n'ébranlerait certes pas ces masses immenses, immobiles, mais lui-même s'éloignerait d'elles ; et plus son effort serait violent, et plus il se rejetterait loin. C'est pourquoi dans tous nos actes, et surtout quand il s'agit de traiter des choses divines, il faut débuter par la prière, non pas afin d'attirer cette force qui n'est nulle part et qui est partout, mais afin de nous remettre entre ses mains et de nous unir à elle par un souvenir et des invocations pieuses.

II. Mais il convient de repousser un reproche qu'on pourrait me faire. Puisque mon illustre maître Hiérothée a fait son admirable recueil des *Éléments de théologie*, devais-je, comme si ce traité fût incomplet, écrire le présent ouvrage et d'autres encore ? Certainement, s'il eût voulu continuer l'exposition par ordre de toutes les matières théologiques, et développer en des traités particuliers la somme entière de la théologie, nous ne fussions jamais tombé en cet excès de folie et de témérité, d'imaginer que nous parlerions des mêmes choses avec plus de profondeur que lui et d'une façon plus divine ; nous n'eussions pas entrepris un travail superflu pour répéter ses propres discours ; surtout nous n'eussions jamais commis cette lâcheté envers notre maître et ami, auquel, après saint Paul, nous devons notre initiation à la science divine, de lui dérober la gloire de ses pensées et de ses sublimes enseignements. Mais comme il exposait sa doctrine d'une façon vraiment relevée et émettait des sentences générales et qui, sous un seul mot, cachaient beaucoup de choses, nous tous qui sommes les maîtres des âmes encore novices dans la perfection, nous reçûmes l'ordre d'éclaircir et de développer, dans un langage mieux proportionné à nos forces, les idées si profondes et si concises de cette puissante intelligence. Vous-même m'avez adressé souvent une semblable exhortation et renvoyé son livre comme dépassant la portée ordinaire. Et effectivement je le regarde comme le guide des esprits avancés dans la perfection, comme une sorte de seconde Écriture qui vient à la suite des oracles inspirés des apôtres, et crois qu'il le faut réserver aux hommes supérieurs. Pour moi, je transmettrai, selon mon pouvoir, les secrets divins à qui me ressemble. Car, si la nourriture solide n'est que pour les parfaits, quelle doit être la perfection de celui qui la communique aux autres ! J'ai donc eu raison de dire que cette vue intuitive et cet enseignement relevé du sens spirituel des saintes Lettres requièrent toute la force d'une mûre intelligence ; mais que la connaissance et le développement des considérations élémentaires conviennent à des maîtres et à des élèves moins capables.

Je me suis encore scrupuleusement abstenu de toucher aucunement à ce que notre glorieux maître a expliqué avec une évidence sensible, pour ne pas répéter en cette rencontre les éclaircissements qu'il a fournis le premier. Toute parole vient mal après la sienne ; car il brillait même entre nos pontifes inspirés, comme vous avez vu quand vous et moi et beaucoup d'entre les frères nous vînmes contempler le corps sacré qui avait produit la vie et porté Dieu. Là se trouvaient Jacques, frère du Seigneur, et Pierre, coryphée et chef suprême des théologiens. Alors, il sembla bon que tous les pontifes, chacun à sa manière, célébrassent la toute-puissante bonté de Dieu, qui s'était revêtu de notre infirmité. Or, après les apôtres, Hiérothée surpassa les autres pieux docteurs, tout ravi et transporté hors de lui-même, profondément ému des merveilles qu'il publiait, et estimé par tous ceux qui l'entendaient et le voyaient, qu'ils le connussent ou non, comme un homme inspiré du ciel et comme le digne panégyriste de la divinité. Mais à quoi bon vous redire ce qui fut prononcé en cette glorieuse assemblée? Car, si ma mémoire ne m'abuse pas, il me semble avoir souvent entendu de votre bouche des fragments de ces divines louanges : tant vous déployez toujours une pieuse ardeur en ce qui concerne les choses saintes.

III. Mais laissons ces mystiques entretiens, qu'on ne doit pas divulguer aux profanes, et que d'ailleurs vous connaissez parfaitement. Rappelons seulement ceci : lorsqu'il fallait conférer avec le peuple et amener les masses à la sainteté de nos croyances, comme Hiérothée l'emportait sur la plupart de nos maîtres par sa ténacité en ce pieux travail, par la rectitude de son esprit, pur la puissance de ses démonstrations et la vertu de ses discours ; tellement que nous étions vaincus par l'éclat de ce radieux soleil ! Car nous avons la conscience de nous-mêmes, et certainement nous sommes incapables de bien comprendre ce qu'on peut savoir de Dieu, incapable d'expliquer parfaitement ce qu'on en peut dire. C'est pourquoi trèsinférieur à ces hommes parfaits qui possèdent pleinement la vérité théologique, une sorte de religieuse frayeur nous eût empêché de rien entendre et de rien dire touchant la divine philosophie, si nous n'étions convaincu qu'on ne doit pas négliger la science sacrée, à quelque degré qu'on la reçoive. Et ce qui détermine en nous cette persuasion, c'est, d'un côté, le désir inné des esprits qui aspirent avec un insatiable amour à la contemplation des choses surnaturelles ; c'est, d'autre part, la sage disposition des lois divines par où il est à la fois défendu de sonder curieusement les secrets qui nous dépassent et que nous sommes indignes et incapables de connaître, et ordonné d'apprendre avec zèle et de transmettre avec bonté tout ce qu'il nous est utile et permis de savoir. Pour ces motifs, ni le travail, ni la lâcheté ne nous détourneront de rechercher les choses divines en la mesure de nos forces ; nous ne voudrions pas abandonner sans secours ceux qui ne peuvent encore s'élever à une plus grande hauteur que nous. Ainsi avons-nous été entraîné à écrire ; et nous ne venons pas proposer témérairement des solutions nouvelles, mais seulement diviser et développer par des commentaires moins concis ce que le divin Hiérothée a dit d'une manière plus angélique.

CHAPITRE IV :
DU BON ; DE LA LUMIÈRE ; DU BEAU ; DE L'AMOUR ; DE L'EXTASE ; DU ZÈLE ; ET QUE LE MAL N'EST PAS UN ÊTRE, NE PROCÈDE PAS DE L'ÊTRE, NE SUBSISTE PAS DANS L'ÊTRE

I. Ces explications données, il est temps de passer à cet attribut de la bonté, que les théologiens reconnaissent excellemment et par-dessus tout en la divinité adorable, quand ils affirment, je crois, que la bonté est l'essence même de Dieu, et que par cela même qu'il est bon substantiellement et par nature, il répand la bonté sur tous les êtres. Car, comme le soleil matériel, sans qu'il le comprenne ou qu'il le veuille, mais par le seul fait de son existence, éclaire toutes les choses que leur organisation rend susceptibles de sa lumière ; de même le bon, qui dépasse aussi éminemment le soleil qu'un original, par cela seul qu'il est, dépasse la pâle copie qu'on en tire, le bon répand sur tous les êtres, autant qu'ils en sont capables, la douce influence de ses rayons. C'est par là que sont produites les natures, puissances et perfections intelligibles et intelligentes ; c'est par là qu'elles subsistent et possèdent une vie éternelle, inaltérable ; qu'elles sont affranchies de la corruption, de la mort, de la matière et de la génération ; qu'elles échappent à l'instabilité, à la décadence, aux perpétuels changements. Par là, elles sont intelligibles, à cause de leur parfaite immatérialité ; et purs esprits, elles sont surhumainement intelligentes, éclairées touchant les raisons propres des choses, et transmettant la lumière reçue aux autres substances angéliques. Là encore, elles trouvent leur permanence et leur fixité, leur maintien, la protection et un asile assuré ; elles s'affermissent dans l'existence et dans la félicité par le désir qu'elles ont de cette bonté suprême et, s'appliquant à l'imiter autant que possible, elles contractent sa ressemblance, et, d'après le divin précepte, communiquent aux rangs inférieurs les heureux bienfaits dont elles furent comblées les premières.

II. C'est de là que ces esprits tiennent leur céleste ordonnance, leur fraternelle union, la faculté de se pénétrer l'un l'autre sans se confondre jamais, la force qui attire les inférieurs à la suite des supérieurs et la providence amie que ceux-ci exercent envers ceux-là, le soin avec lequel chacun se maintient en son degré propre, l'activité avec laquelle, sans sortir d'eux-mêmes, ils explorent ce qui les entoure, leur immuable et souverain amour pour la bonté infinie, et toutes ces perfections dont il a été parlé en notre livre des *Ordres angéliques* et de leurs propriétés. Également, tout ce qui constitue la hiérarchie céleste, la purification, l'illumination et la perfection telles qu'elles s'accomplissent dans la sublime nature des anges, tout cela leur fut départi par la bonté féconde qui a produit l'univers. C'est cette bonté première qui leur a donné d'être bons : bonté mystérieuse dont ils sont l'expression vivante, et qui les a créés anges, c'est-à-dire messagers du silence divin, et lumineux flambeaux placés au vestibule du temple où se cache la divinité.

Après ces saintes et vénérables intelligences, les âmes et toutes les richesses des âmes découlent de l'incomparable bonté. C'est par elle, en effet, que les âmes sont douées d'entendement, qu'elles ont une vie subsistante et incorruptible, qu'elles sont appelées à ressembler aux anges, et peuvent être conduites, par le généreux ministère de ces guides sacrés, vers la source infinie de tous les biens, et participer, selon la mesure de leurs forces respectives, aux illuminations qui tombent du sein de Dieu et au bonheur de se conformer à la bonté originale : c'est de là, en un mot, qu'elles tirent tous les biens que nous avons énumérés dans le traité de l'âme.

Ensuite, s'il faut parler des âmes irraisonnables, des animaux, ceux qui fendent l'air, qui marchent ou rampent sur la terre, qui nagent dans les eaux ou sont amphibies, qui vivent cachés et enfouis sous la terre, tout ce qui a sensibilité et vie, tout fut animé et vivifié par cette bonté souveraine. C'est encore elle qui donne aux plantes cette vie où elles s'alimentent et végètent ; c'est elle enfin qui donne à tout ce qui n'a ni âme ni vie, d'exister et d'être substance.

III. Or, si la bonté suprême l'emporte sur toutes choses, comme on n'en peut douter, alors, quoique sans formes, elle donne la forme à ce qui ne l'a pas. Alors, la négation employée en parlant d'elle sera une affirmation sublime ; la privation d'être, de vie, d'entendement deviendra chez elle une suréminence d'être, une surabondance de vie et d'entendement. Même, si l'on pouvait parler ainsi, le non-être est travaillé du désir de cette bonté, et aspire à atteindre cet Être, océan sans fond ni rivages.

IV. Mais pour ne pas omettre ce qui m'a échappé plus haut, c'est la même bonté qui a créé les cieux, le point où ils commencent et celui où ils finissent, en leur substance qui n'augmente, il diminue et ne s'altère jamais, et, si je puis dire ainsi, le silencieux mouvement des sphères immenses qui roulent dans l'espace. Elle a déterminé la superbe ordonnance, la beauté, la lumière et le séjour fixe des astres et la course des étoiles errantes. Elle a produit ces deux grands luminaires, comme parle l'Écriture, qui reviennent pour disparaître périodiquement aux mêmes points de l'horizon ; par où se limitent les jours et les nuits, les mois et les années, qui, à leur tour, marquent la distinction, le nombre, l'ordre et l'étendue des résolutions du temps et des choses du temps.

Mais que ne dirait-on pas du soleil, si l'on voulait considérer à part cet astre radieux ? Car la lumière vient du bon, et elle est une figure de la bonté ; et le bon pourrait se nommer lumière, l'archétype pouvant être désigné par son image. Car, comme la bonté de Dieu infini pénètre tous les êtres, depuis les plus élevés et les premiers jusqu'aux derniers et aux plus humbles, et les surpasse tous, sans que les plus sublimes puissent atteindre son excellence, ni les plus vils échapper à ses étreintes ; comme elle répand sa lumière sur tout ce qui en est susceptible, et crée, vivifie, maintient et perfectionne ; comme elle est la mesure, la durée, le nombre, l'harmonie, le lien, le principe et la fin de toutes choses : tel, image visible et lointain écho de la divine bonté, le soleil, fanal immense, inextinguible, resplendit en tous les corps que peut envahir la lumière, fait briller son éclat et enveloppe le monde visible, la terre et les cieux de la gloire de ses purs rayons. Et si quelques objets n'en sont nullement pénétrés, ce n'est pas qu'il ne puisse les atteindre ou qu'il les frappe trop faiblement, c'est que les objets eux-mêmes ne présentent que des éléments grossiers peu propres à recevoir la lumière ; aussi elle semble passer outre, et étale sa richesse dans les corps mieux disposés ; mais rien de ce qui se voit n'échappe à l'action universelle de ce vaste foyer. Même le soleil concourt à la production des êtres organisés : il les amène à la vie, les alimente, leur donne accroissement et perfection, les purifie et les renouvelle. La lumière nous mesure et nous compte les saisons, les jours et le reste du temps ; et c'est cette lumière même, quoique alors elle n'eût pas sa forme définitive, qui distingua les trois premiers jours de notre univers, d'après le récit de Moïse. Ensuite, de même que la bonté attire à elle et, en tant que source divine et cause féconde d'unité, appelle en son sein la foule des êtres qui sont dispersés pour ainsi dire, et que toutes choses aspirent à elle comme à leur principe, à leur sauvegarde et à leur fin ; de même que, suivant l'expression des Écritures, tout ce qui subsiste vient de la bonté, et a été créé par sa puissance parfaite, et se conserve maintenu et protégé en elle comme en un fond incorruptible ; de même que tout se ramène vers elle comme à son terme propre, et la désire : les purs esprits et les âmes avec intelligence ; les animaux, par la sensibilité ; les plantes, par ce mouvement végé-tatif qui est comme un désir de vivre ; les choses sans vie et douées de la simple existence, par leur aptitude même à entrer en participation de l'être ; ainsi, et au degré où elle représente la bonté, la lumière, centre puissant, attire à elle tout ce qui est, ce qui voit, ce qui se meut, ce qui est capable d'éclat et de chaleur, en général tout ce qu'elle enveloppe de ses rayons; voilà pourquoi les Grecs nomment le soleil *hèlios* du mot *aollès*, parce qu'il rassemble et maintient dans l'unité les êtres disséminés dans l'univers. Et toutes choses sensibles aspirent vers lui, soit pour jouir de la vision, soit pour recevoir de lui le mouvement, la lumière et la chaleur, pour être conservées par son vivifiant éclat. Ce que je dis toutefois non pas selon l'opinion des anciens, qui regardaient le soleil comme le dieu, le créateur et la souveraine providence du monde physique, mais parce que depuis la production du monde, les créatures ont rendu visible et intelligible ce qu'il y a d'invisible en Dieu, même son éternelle puissance et sa divinité[52].

V. Mais ceci a été traité dans la *Théologie symbolique*. Il faut interpréter maintenant le nom de lumière appliqué au souverain bien. Or, la bonté est appelée lumière spirituelle, parce qu'elle remplit de sa splendeur intelligible tout esprit céleste; parce qu'elle chasse l'ignorance et l'erreur des âmes où elles se réfugient, leur dispense à toutes la lumière sacrée, purifie leur entendement des ténèbres dont l'ignorance l'offusquait, et réveille et dessille leur œil intérieur appesanti et fermé par l'obscurité. Elle leur envoie d'abord un éclat modéré; puis, quand elles l'ont savouré, pour ainsi dire, et qu'elles en sont éprises, elle le répand avec plus d'abondance, et enfin le verse à flots pressés, quand elles ont aimé beaucoup[53]. Ainsi, elle les attire sans cesse de plus en plus, en raison toutefois de leur zèle à aspirer vers la lumière.

VI. Donc, le bon, supérieur à toute lumière, est nommé lumière intelligible, parce qu'il est une source féconde et un large débordement de clarté, qui comble de sa plénitude tous les esprits, et ceux qui sont par delà les mondes, et ceux qui gouvernent les mondes, et ceux que les mondes renferment; qui renouvelle incessamment leur force intellectuelle, les embrasse en les enveloppant de son immensité, et les dépasse par son inaccessible élévation; qui, enfin, éblouissant principe de toute splendeur, résume en soi, possède éminemment et avec antériorité toute puissance d'illumination, et rassemble et tient étroitement unies les intelligences pures et les âmes raisonnables. Car comme l'ignorance et l'erreur créent la division, ainsi la lumière spirituelle, en apparaissant, rappelle et ramasse en un tout compact les choses qu'elle atteint, les perfectionne, les tourne vers l'être réel, corrige leurs vaines opinions, ramène leurs vues multiples, ou plutôt

---

[52] Rom., I, 20.
[53] Luc, V, 47.

leurs imaginations capricieuses en une connaissance unique, véritable, pure et simple, et les remplit donc lumière qui est unité, et qui produit l'unité.

VII. Nos théologiens sacrés, en célébrant l'infiniment bon, disent encore qu'il est beau et la beauté même, qu'il est la dilection et le bien-aimé ; et ils lui donnent tous les autres noms qui peuvent convenir à la beauté pleine de charmes et mère des choses gracieuses. Or, le beau et la beauté se confondent dans cette cause qui résume tout en sa puissante unité, et se distinguent au contraire, chez le reste des êtres, en quelque chose qui reçoit, et en quelque chose qui est reçu. Voilà pourquoi dans le fini nous nommons beau ce qui participe à la beauté, et nous nommons beauté ce vestige imprimé sur la créature par le principe qui fait toutes choses belles. Mais l'infini est appelé beauté, parce que tous les êtres, chacun à sa manière, empruntent de lui leur beauté ; parce qu'il crée en eux l'harmonie des proportions et les charmes éblouissants, leur versant, comme un flot de lumière, les radieuses émanations de sa beauté originale et féconde ; parce qu'il appelle tout à lui (ce que les Grecs marquent bien en dérivant *kalos*, «beau», de *kaleô*, «j'appelle»), et qu'en son sein il rassemble tout en tout. Et il est à la fois appelé beau, parce qu'il a une beauté absolue, suréminente et radicalement immuable, qui ne peut commencer ni finir, qui ne peut augmenter ni décroître ; une beauté où nulle laideur ne se mêle, que nulle altération n'atteint, parfaite sous tous les aspects, pour tous les pays, aux yeux de tous les hommes ; parce que de lui-même et en son essence, il a une beauté qui ne résulte pas de la variété ; parce qu'il a excellemment et avec antériorité le fonds inépuisable d'où émane tout ce qui est beau. Effectivement, la beauté et les choses belles préexistent, comme dans leur cause, en la simplicité et en l'unité de cette nature, si éminemment riche. C'est d'elle que tous les êtres ont reçu la beauté dont ils sont susceptibles ; c'est par elle que tous se coordonnent, sympathisent et s'allient ; c'est en elle que tous ne font qu'un. Elle est leur principe, car elle les produit, les meut et les conserve par amour pour leur beauté relative. Elle est leur fin et ils la poursuivent comme leur terme ultérieur ; car c'est pour elle que tout a été fait. Elle est leur exemplaire, et ils ont été conçus sur ce type sublime. Aussi le bon et le beau sont identiques, toutes choses aspirant avec égale force vers l'un et l'autre, et n'y ayant rien en réalité qui ne participe de l'un et de l'autre. Même, j'oserai bien dire qu'on trouve du beau et du bon jusque dans le non-être ; ainsi quand la théologie désigne excellemment Dieu par une sublime et universelle négation, cette négation est chose bonne et belle. Le bon et le beau, essentielle unité, est donc la cause générale de toutes les choses belles et bonnes. De là vient la nature et la subsistance des êtres ; de là leur unité et distinction, leur identité et diversité, leur similitude et dissemblance; de là les contraires s'allient, les éléments se mêlent sans se confondre; de là les choses plus élevées protègent celles qui le sont moins, les égales s'harmonisent, les inférieures se subordonnent aux supérieures, et ainsi toutes se maintiennent par une immuable persistance en leur condition originelle. De là encore tous les êtres, en raison de leur affinité réciproque, s'influencent, s'adaptent l'un à l'autre, et entrent en parfait accord; de là l'harmonie de l'ensemble, et la combinaison des parties dans le tout, et l'inviolable maintien de l'ordre et la perpétuelle succession des choses qui naissent et périssent; de là enfin le repos et le mouvement des purs esprits, des âmes et des corps: car celui-là est repos et mouvement pour tous, qui au-dessus du repos et du mouvement, donne à chaque chose son immuable raison d'être, et lui imprime la direction convenable.

VIII. Or, les pures intelligences sont douées d'un triple mouvement: d'un mouvement circulaire, qui les fait graviter sans cesse vers les splendeurs éternelles du beau et du bon; d'un mouvement direct, qui les entraîne à des soins providentiels envers les natures inférieures; enfin, d'un mouvement oblique, qui en même temps les porte vers leurs subalternes, et les maintient glorieusement dans leur invincible tendance vers le beau et le bon, principe sacré de leur persévérance.

IX. L'âme a aussi ce triple mouvement. Son mouvement circulaire consiste à quitter les choses extérieures, pour rentrer en elle-même; à ramener ses facultés intellectuelles vers les idées d'unité, afin qu'enfermée comme dans un cercle, elle se puisse s'égarer; puis, dans cet affranchissement des distractions, dans ce recueillement intérieur et cette simplification d'elle-même, à s'unir aux anges merveilleusement perdus dans l'unité, et à se laisser ainsi conduire vers le beau et le bon, qui l'emporte sur toutes choses, qui est un, toujours identique, sans commencement, sans fin. Le mouvement oblique de l'âme consiste en ce que, selon sa capacité, elle est éclairée de la science divine, non point par intuition et dans l'unité, mais par raisonnement et déduction, et par des opérations complexes et nécessairement multiples. Enfin, son mouvement est direct, non pas lorsqu'elle se ramène en soi, et exerce l'entendement pur, car en ce cas il y aurait, comme on l'a dit, mouvement circulaire, mais bien lorsqu'elle s'incline vers les choses extérieures, et que de là, comme à l'aide de symboles composés et nombreux, elle s'élève à contempler l'unité dans sa simplicité.

X. Ce triple mouvement, qui du reste existe aussi dans l'univers matériel, et mieux encore le maintien, la persistance et la stabilité de toutes choses trouvent leur cause, leur sauvegarde et leur fin dans le beau et le bon, qui est supérieur au repos et au mouvement; et c'est de lui et par lui que vient, c'est en lui et pour lui que subsiste, c'est vers lui que converge tout repos et tout mouvement. En effet, c'est de lui et par lui que sont produites la substance et la vie des purs esprits et des âmes. De là, dans la nature entière, la petitesse, l'égalité, la grandeur et les différentes mesures; de là les affinités, les combinaisons, et l'harmonie des êtres, les totalités et les parties, la simplicité et la multitude, la liaison des parties, et l'unité des multitudes, la perfection des totalités. De là la qualité, la quantité et les grandeurs relatives; l'infinité, les rapports et les différences; l'immensité, la fin, les limites, et les rangs, et l'excellence. De là la matière, la forme, la substance. De là les puissances ou facultés, les actions, les habitudes, le sentiment, la raison, l'intelligence, la notion, la science et l'union intime. En un mot, tout ce qui est, vient du beau et du bon, subsiste dans le beau et dans le bon, et aspire vers le beau et vers le bon. C'est par lui que toutes choses existent et se produisent, c'est lui que toutes choses recherchent, c'est par lui que toutes choses se meuvent et se conservent. Également, pour lui, par lui, en lui subsiste toute cause exemplaire, finale, efficiente, formelle et matérielle, tout principe, toute conservation, toute fin. Enfin tout être vient du beau et du bon; tout non-être se trouve d'une façon transcendante dans le beau et le bon, principe supérieur à tout principe, fin supérieure à toute fin, parce que «de lui, par lui et pour lui toutes choses sont», comme dit l'Écriture[54].

Voilà pourquoi le beau et le bon est pour tous les êtres un objet de désir, d'appétence et d'amour: par lui et en vue de lui, dans l'effusion d'un mutuel amour, les inférieurs aspirent vers les supérieurs, les semblables s'entrecommuniquent, les plus excellents s'inclinent vers de moins nobles; tous se maintiennent avec amour dans l'existence, et ce qu'ils font et veulent, ils le font et le veulent par amour du bon et du beau. Même nous pouvons dire, en restant dans la vérité, que la cause universelle, par la surabondance de sa tendresse, aime, produit, perfectionne, conserve et dirige toutes choses, et que le divin amour est bonté en lui-même, dans sa source et dans son objet: car ce sublime artisan de tout ce qu'il y a de bon dans les êtres, éternel comme la bonté où il réside excellemment, ne la laissa point dans une oisive fécondité, mais lui persuada d'exercer cette puissance merveilleuse qui a produit l'univers.

XI. Et qu'on ne nous reproche pas d'employer ce mot d'amour contrairement

---

[54] Rom., XI, 36.

à l'autorité des saintes Lettres. Car c'est, à mon avis, une chose déraisonnable et sotte de ne pas regarder à intention de celui qui parle, et de n'appuyer que sur des mots ; et c'est le fait non pas assurément de ceux qui recherchent avec zèle les choses divines, mais bien de ceux qui ne sont jamais qu'effleurés par la parole, et ne lui permettent d'arriver que jusqu'à l'oreille de leur corps ; qui ne veulent pas savoir ce que signifie telle expression, et comment il est besoin de l'expliquer quelquefois par des termes équivalents et mieux connus ; qui enfin s'arrêtent tristement à des figures et à des lignes mortes, à des syllabes et à des paroles incomprises, lesquelles n'ont point pénétré jusqu'à leur esprit, et n'ont produit qu'un vain bruissement autour de leurs lèvres et de leurs oreilles comme si, au lieu d'employer les mots *quatre, figures rectilignes, patrie*, on ne pouvait pas dire *deux fois deux, figure à lignes droites, sol natal* ; comme si enfin on ne pouvait user de circonlocution ! En effet, la saine raison apprend que c'est à cause des sens qu'on se sert de lettres, de syllabes, de mots, d'écriture et de parole ; tellement que les sens et les choses sensibles sont de trop lorsque l'âme s'applique aux choses intelligibles par l'entendement pur ; comme aussi la puissance intellectuelle devient elle-même inutile, lorsque l'âme divinisée se précipite, par une sorte d'aveugle course, et par le mystère d'une inconcevable union, dans les splendeurs de la lumière inaccessible. Mais si la pensée essaie de s'élever à la contemplation de la vérité par le moyen des choses matérielles, assurément il faut préférer celles qui se présentent aux sens avec une évidence plus frappante, comme les paroles les plus claires, les objets les plus connus ; car, si les sens ne sont éveillés que par une vague image, ils ne peuvent transmettre à l'esprit qu'une notion obscure. Mais afin qu'on ne s'imagine pas que, par cette explication, nous faussons les Écritures, citons-les à ceux qui nous blâment d'avoir nommé l'amour. « Aime la sagesse, est-il dit, et elle te conservera ; environne-la, et elle t'élèvera ; honore-la, afin qu'elle t'embrasse [55]. » Et il y a une foule d'autres passages où les divins oracles parlent d'amour.

XII. Même, il a semblé à quelques-uns de nos saints docteurs que le nom d'amour était plus pieux que celui de dilection. Car le divin Ignace a écrit : « Mon amour a été crucifié. » Et dans le livre qui est comme une introduction aux Lettres sacrées, vous trouverez que l'auteur parle ainsi de la sagesse : « Je suis devenu amateur de sa beauté [56]. » Qu'ainsi ce nom d'amour ne nous effarouche pas, et ne nous laissons point troubler par les objections qu'on ferait sur ce sujet. Pour moi,

---

[55] Prov., IV, 6-9.
[56] Sapient., VIII, 2.

je crois que les théologiens inspirés confondent dans une même acception amour et dilection ; mais qu'ils appliquent plus volontiers le mot d'amour aux choses divines, à raison des nobles idées qui préoccupent certains esprits. Car lorsqu'en traitant de Dieu, le mot d'amour apparaît non seulement sur nos lèvres, mais encore dans les Écritures, le vulgaire qui ne comprend pas quelle divine union l'on exprime ainsi, précipite sa pensée, par habitude, vers une affection imparfaite, sensuelle et bornée, qui n'est certes pas l'amour, mais une image, ou plutôt une déchéance du véritable amour. Effectivement, c'est chose qui dépasse la portée des intelligences communes, que cette intimité, cette fusion produite par l'amour divin ; voilà pourquoi ce mot, qui leur semble quelque peu inconvenant, est appliqué à la divine sagesse, afin de les initier et de les conduire à la connaissance de l'amour réel, et de les arracher à leurs grossières imaginations. Lorsqu'il s'agit au contraire des choses humaines, là où des esprits toujours fixés en terre prendraient occasion de mal, on se sert d'expressions moins périlleuses. « J'avais pour toi, dit un saint personnage, la dilection qu'on a pour les femmes [57] ». Mais vis-à-vis de ceux qui savent entendre les choses divines, les théologiens, dans leurs pieuses explications, emploient les mots de dilection et d'amour comme ayant une égale force. Et ils indiquent par là une certaine vertu qui rassemble, unit et maintient toutes choses en une merveilleuse harmonie ; qui existe éternellement dans la beauté et la bonté infinie éprise d'elle-même, et de là dérive dans tous ce qui est bon et beau ; qui étreint les êtres égaux dans la douceur de communications réciproques, et dispose les supérieurs à des soins providentiels envers leurs subalternes, et excite ceux-ci à se tourner vers ceux-là pour en recevoir stabilité et force.

XIII. L'amour divin ravit hors d'eux-mêmes ceux qui en sont saisis, tellement qu'ils ne sont plus à eux, mais bien à l'objet aimé. Cela se voit dans les supérieurs, qui se dévouent sans réserve au gouvernement des inférieurs ; dans les égaux, qui s'ordonnent l'un par rapport à l'autre ; dans les moins nobles, qui s'abandonnent à la direction des plus élevés. De là vient que le grand Paul, enivré du saint amour, dans un transport extatique, s'écriait divinement : « Je vis, ou plutôt ce n'est pas moi, c'est Jésus-Christ qui vit en moi [58] », tel qu'un véritable amant, hors de lui-même et « perdu en Dieu », comme il est dit ailleurs [59], ne vivant plus de sa vie propre, mais de la vie souverainement chère du bien-aimé. J'oserai même

---

[57] II Reg., I, 26.
[58] Galat., II, 20.
[59] II Cor., V, 13.

dire, parce qu'il est vrai, que la beauté et la bonté éternelle, cause suprême de tout, dans l'excès de sa douce tendresse, sort d'elle-même par l'action de son universelle providence, et daigne bien se laisser vaincre aux charmes de la bonté, de la dilection et de l'amour : tellement que du haut de son excellence, et du fond de son secret, elle s'abaisse vers ses créatures, tout à la fois hors d'elle-même et en elle-même dans ce merveilleux mouvement. Aussi ceux qui sont versés dans la science sacrée nomment-ils Dieu jaloux, parce qu'il est plein d'amour pour tous les êtres, et qu'il excite en eux la dévorante ardeur des saints et amoureux désirs ; parce que réellement il se montre jaloux, ce qu'il désire méritant d'être éperdument aimé, et ce qu'il produit provoquant ses vives tendresses. En un mot, l'amour et son objet ne sont autre chose que le bon et le beau, et ils préexistent dans le bon et le beau, et ils ne se produisent que par le bon et le beau.

XIV. Mais enfin que veulent dire les théologiens, quand ils nomment Dieu tantôt amour et dilection, tantôt aimable et bien-aimé ? La première locution désigne la charité dont Dieu est la cause, le principe fécond et le père ; par la seconde, il est désigné lui-même. Comme amour, il s'incline vers la créature ; en tant qu'aimable, il l'attire à lui, ou bien il se pose en face de lui-même comme objet intime de ses propres aspirations. On le nomme aimable et bien-aimé, parce qu'il est bon et beau ; on le nomme amour et dilection, à raison de la vertu qu'il a d'élever et d'entraîner les êtres vers lui, seule beauté et bonté essentielles, et d'être à lui-même sa manifestation, et un suave écoulement de l'ineffable unité, et une expansion douce, sans impur mélange, spontanée, armée d'une activité propre, préexistant dans la bonté d'où elle déborde sur tous les êtres, pour retourner ensuite à sa source. Ainsi apparaît-il excellemment que le saint amour ne reconnaît ni commencement ni fin : c'est comme un cercle éternel, dont la bonté est à la fois le plan, le centre, le rayon vecteur et la circonférence : cercle que décrit dans une invariable révolution la bonté qui agit sans sortir d'elle-même, et revient au point qu'elle n'a pas quitté. C'est ce qui fut divinement expliqué par notre illustre maître, dans ses hymnes d'amour ; il n'est pas sans à-propos de s'en souvenir, et d'en citer ici quelque chose, comme couronnement de ce que nous avons dit sur l'amour.

XV. *Extrait des hymnes pieux du bienheureux Hiérothée.*

« Par l'amour, quel qu'il soit, divin, angélique, rationnel, animal ou instinctif, nous entendons cette puissance qui établit et maintient l'harmonie parmi les êtres, qui incline les plus élevés vers ceux qui le sont moins, dispose les égaux à une fraternelle alliance, et prépare les inférieurs à l'action providentielle des supérieurs. »

XVI. *Autre fragment du même Hiérothée.*

« Voilà que j'ai classé les différents amours et montré leur commune origine. J'ai dit alors les amours terrestes et célestes, la connaissance qu'on en peut avoir et l'efficacité qu'ils possèdent. Entre eux tous excelle, pour les raisons que j'ai déduites, la hiérarchie sacrée des amours angéliques et humains ; et là j'ai trouvé plus spirituels et plus divins, et j'ai célébré à ma manière les amours des pures intelligences. Or, rassemblons maintenant et résumons tous ces amours dérivés en un seul et universel amour, père fécond de tous les autres. A une certaine hauteur apparaîtra le double amour des âmes humaines et des esprits angéliques ; et loin par delà brille et domine la cause incompréhensible et infiniment supérieure de tout amour, et vers laquelle aspirent unanimement l'amour et tous les êtres, en raison de leur nature propre. »

XVII. *Nouvel extrait des mêmes hymnes.*

Ramenant donc ces ruisseaux divers à la source unique, disons qu'il existe une force simple, spontanée, qui établit l'union et l'harmonie entre toutes choses, depuis le souverain bien jusqu'à la dernière des créatures, et de là remonte, par la même route, à son point de départ, accomplissant d'elle-même, en elle-même et sur elle-même sa révolution invariable, et tournant ainsi dans un cercle éternel.

XVIII. Mais on va me faire cette objection : Vous avez dit que même le non-être aime, désire et recherche le beau et le bon ; que le beau et le bon donne forme à ce qui est sans forme, et qu'on le caractérise très bien par des manières de parler négatives. Or, si toutes choses le désirent, l'aiment et le chérissent, d'où vient que la multitude des démons ne connaît pas cette ambition ? d'où vient que, plongés dans la matière et totalement déchus de cet amour du bien qui enivre sans cesse les anges, ils deviennent cause de tous les maux et pour eux-mêmes, et pour tous ceux qu'on nomme pervertis et méchants ? Pourquoi les démons, qui doivent l'existence à un principe bon, n'ont-ils eux-mêmes rien de bon ? ou, si leur nature fut créée bonne, comment s'est-elle altérée ? et quelle chose la modifia si tristement ? En un mot, qu'est-ce que le mal ? de quel principe provient-il ? en quel être existe-t-il ? comment le Dieu bon a-t-il voulu produire le mal, et, le voulant, comment l'a-t-il pu ? Ou, si le mal émane d'une autre source, le bon n'est donc pas la seule cause des êtres ? D'ailleurs comment la Providence n'empêche-t-elle pas le mal de naître, ou du moins de subsister ? Et comment la créature se prend-elle d'amour pour le mal au mépris du bien ?

XIX. Tels sont les doutes qu'on songera peut-être à proposer ; mais nous prierons notre interlocuteur de considérer la chose à fond. Et d'abord, nous dirons nettement que le mal ne vient pas du bien, et que, s'il tirait de là son origine, il ne serait pas le mal ; car le feu n'a pas la propriété de glacer, ni le bien, de faire ce qui n'est pas bon. La nature du bien étant de produire et de conserver, la nature du mal étant de corrompre et de détruire, tous les êtres procèdent du bien, et rien de ce qui est ne saurait procéder du mal : le mal n'est donc pas, car il se détruirait lui-même. S'il subsiste, il n'est donc pas mal absolument, et il se mêle à quelque bien, d'où il emprunte tout ce qu'il a d'être. Or, si les créatures aspirent au beau et au bon ; si ce qu'elles font, elles le font toujours pour un bien, du moins apparent ; si elles prennent inévitablement le bien pour mobile et pour but de leurs intentions (car nulle chose n'agit en la vue exclusive du mal), comment donc le mal se trouve-t-il dans les êtres ? ou comment dit-on qu'il existe, s'il est jamais dépouillé d'un amour général du bien ?

Je réponds : Tous les êtres procèdent du bien. De plus, le bien dépasse infiniment tous les êtres : d'où il suit qu'en une certaine manière le non-être a place en lui. Mais le mal n'est ni être, car alors il ne serait pas absolument le mal, ni non-être, car cette appellation transcendantale ne convient qu'à ce qui est dans le souverain bien d'une façon suréminente. Le bien s'étend donc loin par delà tout être et tout non-être ; et le mal ne sera ni être, ni non-être, mais quelque chose de plus étranger au bien que le non-être, quelque chose qui n'arrive pas même à la hauteur du non-être. Mais, dira-t-on, d'où procède donc le mal ? Car, s'il n'existe pas, la vertu et le vice sont chose identique, et dans la généralité et dans les espèces ; ou du moins, ce qui combat la vertu cessera d'être un mal. Et pourtant la retenue et la dissolution, la justice et l'injustice sont contraires ; et je ne veux pas seulement dire qu'en fait un homme juste diffère d'un homme injuste, et celui qui est modéré, de celui qui ne l'est pas ; mais antérieurement à la manifestation de ces actes opposés et dans l'âme même des sujets, il y a antipathie entre la vertu et le vice, entre la raison et la passion. Alors, il faut nécessairement accorder que le mal ne se confond pas avec le bien, car le bien n'est point son propre ennemi ; mais résultat d'un seul et même principe, effet d'une seule et même cause, il s'harmonise, s'allie et se complaît avec lui-même : aussi un moindre bien ne s'oppose point à un plus grand bien, comme un moindre chaud ou un moindre froid ne s'oppose point à une chaleur ou à une froidure plus intense. Donc le mal se trouve dans les êtres, il existe réellement, il est en hostilité positive avec le bien ; et, quoiqu'il soit une corruption de l'être, il n'est pas exclu pour cela du rang des existences ; au contraire, il est quelque chose et principe générateur de quelque chose. Et ne voit-on pas souvent que l'altération d'une substance est la production même d'une autre substance ? Ainsi, le mal a sa place et sa valeur dans la création, et c'est à son efficacité que l'univers doit de n'être pas une chose imparfaite.

XX. A toutes ces difficultés, la saine raison répond que le mal, en tant que mal, n'engendre ni ne produit aucun être, et qu'il tend au contraire à vicier et à corrompre la nature des choses. Si l'on ajoute qu'il est fécond en ce que, par l'altération d'une substance, il donne l'être à une autre substance, nous répliquerons, avec vérité, qu'en tant qu'il est corruption et mal, il ne produit pas, mais plutôt dégrade et ruine, et que le bien seul est un principe d'existence. Ainsi, de lui-même le mal est destructeur, et il n'est fécond que par le bien : tellement que, de sa nature, il n'est rien ni auteur de rien, et qu'il doit à son mélange avec le bien et d'exister, et d'avoir et de produire quelque chose de bon. De plus, ce n'est point sous le même rapport qu'une chose sera bonne et mauvaise à la fois ; la faculté de produire et d'altérer ne sera point identique, et ne s'exercera pas indépendamment du sujet où elle réside. Le mal absolu n'a donc ni être, ni bonté, ni fécondité, et n'engendre aucun être, et ne produit aucun bien. Au contraire, le bien, là où il est en un degré supérieur, opère des choses parfaites, pures de tout mal et de corruption ; là où il existait un moindre degré, il n'opère que des choses imparfaites, le mal s'y rencontrant précisément parce qu'il y a privation de bien. Ainsi, le mal n'est pas un être, il n'est ni bon ni bienfaisant ; mais toute chose est d'autant meilleure ou pire qu'elle est plus ou moins proche du souverain bien. Car l'infinie bonté, à qui nulle existence ne demeure étrangère, ne se communique pas seulement aux augustes natures qui l'environnent, mais elle s'incline jusqu'aux plus humbles substances, présente aux unes en un degré supérieur, à d'autres avec moins de perfection, aux dernières enfin d'une façon moins relevée encore, présente à toutes selon leur capacité respective. En effet, celles-ci jouissent pleinement du bien suprême, celles-là en sont plus ou moins privées ; aux unes, il n'en est accordé qu'une faible portion ; aux autres, il n'en vient qu'une sorte de lointain rayonnement. Car, si toutes choses étaient appelées à une égale participation du bien, les plus sublimes et les plus pures essences seraient ramenées au niveau des plus ignobles. D'ailleurs se pourrait-il que cette grâce fût uniformément distribuée, quand tous les sujets n'apportent pas une semblable aptitude à la recevoir intégralement ?

Il y a plus : telle est l'excellence du bien et telle sa force puissante, que si les choses mêmes où il ne se rencontre pas sont capables de le recevoir, c'est à lui qu'elles doivent ce principe de perfectionnement ultérieur. Et si l'on me permet d'émettre cette vérité hardie, c'est par le bien même que ce qui est hostile au bien subsiste et peut exercer cette hostilité ; ou mieux et en deux mots, toutes choses, en tant qu'elles ont l'être, sont bonnes et procèdent du bien, et en tant qu'elles sont privées du bien, elles n'ont ni bonté ni être. Il n'en va pas ainsi relativement à d'autres qualités, telles que la chaleur et la froidure. Pour avoir perdu la chaleur qu'ils possédaient, les corps ne laissent pas de se maintenir dans l'être ; quoiqu'elles n'aient ni vie, ni intelligence, plusieurs choses n'en existent pas moins ; et Dieu, qui ne partage pas notre mode de subsister, subsiste toutefois d'une façon suréminente. En général, qu'un objet cesse de posséder une qualité, que même il ne l'ait jamais eue, il n'est point aboli pour cela, il n'est pas un néant ; mais ce qui est absolument dépourvu de bien ne saurait exister nulle part, en aucun temps, d'aucune sorte. Ainsi, l'impudique, d'un côté, s'exclut du bien par sa brutale convoitise, et comme tel, il n'est qu'un non-être, et les choses qu'il désire sont un non-être ; mais d'autre part, il participe encore au bien en ce sens qu'il garde un reste d'amitié et une manière d'alliance avec ce qui est. Également, la fureur tient au bien par le fait de son émotion, et par son désir de redresser et de ramener ce qu'elle estime mauvais à un but qui semble louable. De même, celui qui se précipite dans les dérèglements, aspirant à une vie qui le charme, n'est pas totalement déchu du bien, puisqu'il a un désir, le désir de la vie, d'une vie qui lui sourit. Enfin, si vous supprimez tout bien absolument, il n'y a plus dès lors ni substance, ni vie, ni désir, ni mouvement, ni quoi que ce soit.

Si donc par la corruption d'une substance, une autre substance se produit, il ne faut pas l'attribuer à la vertu du mal, mais à la présence d'un bien incomplet. De même, la maladie est une altération partielle de l'organisation ; je dis partielle, et non pas totale, parce qu'alors la maladie elle-même aurait disparu. Mais l'organisme subsiste ; et c'est l'anomalie dont il est atteint qui constitue la maladie. Ainsi ce qui ne participe nullement au bien, n'a de subsistance réelle ni en soi, ni dans les êtres ; ce qui tient à la fois du bien et du mal, n'existe que par son côté bon, et s'élève parmi les êtres en raison directe du bien qui lui fut départi. Ou mieux encore, les choses ont plus ou moins d'être, selon qu'elles ont plus ou moins de bien. En effet, ce qui n'emprunte absolument rien à l'être, n'existe aucunement : ce qui tient de l'être par un endroit, et par un autre n'en tient pas, est dépourvu de réalité, en tant qu'il déchoit de l'être éternel ; mais en tant qu'il y participe, la réalité lui est acquise, et c'est même par là que sa perfection et son imperfection se maintiennent, et ne retombent pas dans le néant. De même, le mal, quand il est absolu et sans mélange de bien, ne saurait jamais trouver place dans la série des choses réputées bonnes : ce qui est bon par un point et mauvais par un autre, s'oppose à un bien partiel, mais non pas au bien total, et il est maintenu dans l'existence par ce qu'il a de bon, tellement que sans cette communication avec le bien, il ne serait pas même le sujet d'une privation ; car, si on la dépouille de tout bien, une chose n'est ni meilleure, ni moins bonne, ni mauvaise ; elle n'est pas. Et en effet, comme le mal n'est que l'imperfection dans le bien, si vous abolissez tout ce qu'il y a de bon, dès lors il ne restera plus aucun bien, ni parfait, ni imparfait. Ainsi le mal n'existe et ne se manifeste, qu'autant qu'il est opposé à certains êtres, et qu'il se distingue de ce qui est bon. Car il est radicalement impossible que les mêmes choses, sous un même rapport, se trouvent en hostilité réciproque. Le mal n'est donc point une substance.

XXI. Il y a plus : le mal n'existe pas dans les substances. Car, si tous les êtres procèdent du bien, si le bien est dans toutes choses et les comprend, il faut ou que le mal n'existe vraiment pas dans les substances, ou qu'il soit dans le bien. Or il n'est pas dans le bien : car le froid n'est pas dans le feu, et cela ne peut devenir mauvais qui bonifie le mal ou s'il est dans le bien, comment cela se fait-il ? Dira-t-on que le mal émane du bien ? mais c'est absurde, impossible ; car, comme on lit dans les oracles sacrés, « un bon arbre ne saurait porter de mauvais fruits, ni réciproquement[60] ». Si le mal n'émane pas du bien, il a donc évidemment une autre origine, une autre cause. Car ou le mal dérive du bien, ou le bien dérive du mal, ou il faut assigner au bien et au mal une source différente : car la dualité ne peut être principe, l'unité au contraire est le principe de la dualité. Or personne assurément ne soutiendra que d'une seule et même chose puissent procéder deux choses de tout point contraires, et qu'au lieu d'être simple et un, le même principe soit composé, double, opposé à lui-même et variable. Mais on n'admettra pas non plus deux principes contraires, qui d'une part se pénètrent mutuellement et régissent le monde, et de l'autre se livrent constamment la guerre ; ou en cas qu'on les admette, d'abord Dieu ne sera pas indépendant, ni sans contradiction, si toutefois son éternelle paix peut jamais être troublée ; ensuite le désordre et une hostilité permanente régneraient dans l'univers. Pourtant la bonté suprême établit l'harmonie entre tous les êtres ; et « elle est la paix même, et elle donne la paix[61], » comme disent les écrivains sacrés. C'est pourquoi toutes choses bonnes s'entr'aiment, et forment un merveilleux concert, produites par une même ac-

---

[60] Matth., VII, 18.
[61] Jean, XII, 27.

tivité, ordonnées par rapport à un même bien, régulières et unanimes dans leur mouvement, et se prêtant un mutuel appui. Ainsi le mal n'est point en Dieu, et n'a rien de commun avec lui. Le mal ne vient pas de Dieu non plus : car ou il faut oser dire que Dieu n'est pas bon ; ou Dieu fait du bien, et produit des choses bonnes, et il n'est pas seulement l'auteur de quelques biens, mais de tous les biens, et il n'opère pas aujourd'hui ce qui est bon, et demain ce qui est mauvais ; autrement ce qu'il y a de plus sublime en lui, la causalité, serait soumis au changement et à l'altération. Et effectivement, ou la bonté constitue l'essence même de Dieu, et alors Dieu, passant du bien au mal, possédera l'existence et la perdra tour à tour ; ou la bonté ne lui parvient que par dérivation et secondairement, et en ce cas, tantôt elle lui échoira et tantôt lui sera retirée, ce qui est absurde. Donc le mal ne vient pas de Dieu, et il n'est pas en Dieu, ni absolument, ni accidentellement.

XXII. Le mal ne subsiste pas non plus dans les anges. Car, si l'ange tire son nom des doux messages que lui impose la suprême bonté ; s'il possède par emprunt et d'une façon subordonnée ce qui préexiste suréminemment en la divinité dont il est l'organe, il faut dire assurément que l'ange est l'image de Dieu, la manifestation des splendeurs invisibles, un miroir pur, splendide, parfaitement net, sans souillure et sans tache, qui reçoit toute la magnifique empreinte, si l'on peut dire ainsi, de la bonté divine, et réfléchit, autant que peut la créature, le mystère profond de cette bonté incompréhensible. Donc le mal n'existe pas dans les anges. Mais sont-ils mauvais parce qu'ils punissent les pécheurs ? Alors, il en faudra dire autant de quiconque corrige un coupable, et des prêtres qui refusent les choses saintes aux profanes. Or le mal ne consiste pas à subir le châtiment, mais à l'avoir encouru ; ni à être légitimement privé de la communion, mais à devenir impur et à mériter l'exclusion.

XXIII. Les démons eux-mêmes ne sont pas mauvais par nature. Autrement, ils n'auraient pas le bien suprême pour créateur, ni un rang parmi les êtres, et naturellement et toujours dans le mal, ils n'eussent jamais pu déchoir du bien. Ensuite pour qui sont-ils mauvais ? pour eux-mêmes ou pour d'autres ? Dans le premier cas, ils doivent se détruire ; dans le second, comment s'exerce leur désastreuse influence, et sur quoi ? sur la substance, les facultés ou l'action des êtres ? Sur la substance ? mais d'abord, ce n'est qu'autant qu'elle s'y prêterait ; car ils altèrent ce qui est sujet à la corruption, et non pas ce qui est naturellement inaltérable. Ensuite cette corruptibilité n'est ni toujours, ni universellement un mal. Et puis il est faux que les choses se détériorent en tant qu'elles sont essence et nature ; mais par la violation de la loi qui les constitue, s'affaiblit en elles l'harmonieux accord de leurs puissances, et elles subsistent dans cet état. Le désordre alors n'est que partiel ; car s'il était total, la dégradation disparaîtrait avec le sujet où elle réside, et ainsi la corruption radicale serait un complet anéantissement. Donc, on ne trouve pas ici un mal absolu, mais un bien imparfait ; car ce qui est entièrement dénué de bien n'existe à aucun titre. Le même raisonnement vaut en ce qui concerne les facultés et l'action des êtres.

Ensuite, créés par Dieu, comment les démons sont-ils mauvais ? Car le bien ne donne l'être et la subsistance qu'à ce qui est bon. Or on peut répondre qu'ils sont nommés mauvais, non pas pour ce qu'ils ont, car ils viennent du bien, et une nature bonne leur fut départie ; mais pour ce qui leur manque, car ils n'ont pas su conserver leur excellence originelle [62], comme l'enseignent les Écritures. Car en quoi, je vous le demande, se sont pervertis les démons, sinon en ce qu'ils ont cessé de vouloir et de faire le bien ? Autrement et si la malice est inhérente à leur nature, elle les suit toujours ; or cependant, le mal n'est pas stable ; donc, ils ne sont pas mauvais, s'ils se maintiennent dans le même état, puisque l'immutabilité ne saurait appartenir qu'au bien. Si donc ils ne furent pas toujours mauvais, ils ne le sont point par le fait de leur origine, mais par la dégradation qui les a frappés. Au reste, ils ne sont pas dépouillés de tout bien, puisqu'ils existent, vivent et comprennent, et qu'ils sont agités par quelques désirs ; seulement, on les nomme mauvais, parce qu'ils ne sauraient plus agir selon leur destination primitive. Ainsi pour eux, le mal c'est la déviation, et la transgression de l'ordre établi ; c'est l'inanité de leurs efforts, l'imperfection et l'impuissance ; c'est enfin l'affaiblissement, l'abandon et la ruine de cette force qui les maintenait dans le bien.

Enfin qu'y a-t-il de mauvais dans les démons ? une fureur aveugle, une convoitise brutale, une imagination sans frein. Oui, si l'on veut ; mais ces choses ne sont mauvaises, ni absolument, ni dans tous les cas, ni en elles-mêmes. Car, pour d'autres êtres, ce n'est pas la présence, mais plutôt l'absence de ces mêmes passions qui détermine une altération et un mal ; au contraire, ils existent et se trouvent protégés par elles, précisément parce qu'ils en sont affectés. Donc, la nature des démons n'est pas mauvaise en ce qu'elle se conforme à ses lois constitutives, mais en ce quelle ne s'y conforme pas. Le bien dont ils étaient ornés n'a pas subi de mutation ; ce sont eux qui déchurent de leur glorieuse destinée. Et nous ne disons pas que les grâces qu'ils reçurent comme anges aient été détruites : non, elles subsistent dans leur intégrité et dans leur richesse ; mais ils n'en ont pas

---

[62] Jude, 6.

conscience, parce qu'ils se sont pour jamais privés de la faculté de voir le bien. Ainsi parce qu'ils existent, ils procèdent du bien, et sont bons, et désirent le beau et le bon, c'est-à-dire, l'être, la vie et l'intelligence, toutes choses réelles; parce que transfuges volontaires, ils sont entièrement dépouillés des biens qu'ils possédaient, on les nomme mauvais; et ils sont vraiment mauvais à raison de ce qui leur manque, et ils désirent le mal quand ils désirent ce qui n'a pas de réalité.

XXIV. Au moins faut-il avouer, me dira-t-on, qu'il y a des âmes mauvaises. Si l'on entend par là qu'elles s'allient aux méchants avec compassion, et pour les sauver, ce n'est point un mal, mais un bien: doux écoulement du bien suprême qui rend bon ce qui est mauvais. Si au contraire l'on veut marquer que les âmes se dépravent, je demanderai comment cela se fait, sinon parce qu'elles cessent d'aimer et de faire le bien, et que faibles et vaincues, elles faillissent à leur destination. Ainsi nommons-nous l'air qui nous enveloppe ténébreux, quand la lumière ne lui est pas présente; mais la lumière reste ce qu'elle est, capable de faire resplendir les ténèbres. Donc le mal ne subsiste ni chez les démons, ni en nous, comme réalité, mais comme privation des biens que nous devrions avoir.

XXV. Le mal n'existe pas non plus dans les brutes. Otez-leur en effet la fureur, et la convoitise, et ces qualités qu'on nomme mauvaises, et qui ne sont réellement pas telles de leur nature, ils deviennent essentiellement d'autres êtres. Le lion n'est plus un lion dès que vous le dépouillez de sa force et de sa fureur; et si le chien caresse indistinctement tous ceux qui passent, il cesse de remplir sa fonction qui est de faire la garde, d'accueillir les gens de la maison, et d'écarter les étrangers. Ainsi se maintenir dans sa propre nature, n'est pas un mal; mais c'est corrompre sa nature, que d'affaiblir et d'abandonner les instincts les facultés et l'activité dont on est doué. Et parce que ce qui se produit par génération ne reçoit son perfectionnement qu'avec le temps, il suit que l'imperfection n'est pas toujours une anomalie et une ruine.

XXVI. La nature considérée dans son ensemble ne renferme pas le mal; car, comme toutes choses trouvent en elle leurs raisons constitutives, il est manifeste que rien ne saurait lui nuire. Il est vrai toutefois que les êtres particuliers rencontrent des choses qui leur sont naturellement conformes, et des choses qui leur sont naturellement hostiles, car chaque nature isolément prise a ses lois, et ce qui convient à l'une peut contrarier l'autre. Le vrai mal, c'est qu'une nature éprouve ce qui la combat, et soit dépouillée de ce qui tient à son essence. La nature n'est donc pas mauvaise, mais cela est mauvais pour la nature, qui l'empêche d'agir dans le sens de ses forces propres.

XXVII. Dans les corps le mal n'existe pas davantage. Car la laideur est bien la privation de la beauté, et la maladie un désordre; cependant, il n'y a pas ici de mal absolu, mais seulement un moindre bien, puisque si toute beauté, toute forme, toute ordonnance avait disparu, le corps lui-même périrait. Le mal de l'âme ne dérive pas non plus du corps, la perversité se pouvant rencontrer en des êtres dépourvus de corps, comme les démons. Ainsi pour tous les êtres, purs esprits, âmes et corps, le mal consiste dans la diminution et la ruine des biens qui leur sont propres.

XXVIII. Bien plus, la matière, en tant que matière, n'est pas mauvaise, comme pourtant on a continué de l'affirmer, car elle n'est pas dénuée d'ornement, de beauté et de bonté. Et si elle n'a aucune de ces choses, si elle n'a ni qualité, ni manière d'être quelconque, alors elle ne subsiste ni à l'état actif, ni même à l'état passif. Ensuite, comment la matière serait-elle mauvaise? Si elle n'existe nullement, elle n'est ni bonne ni mauvaise; si elle existe de quelque façon que ce soit, toutes choses provenant du bien, la matière aura la même origine; et partant il faudra dire que le bien crée le mal, ou que le mal est bon parce qu'il sort du bien, ou réciproquement que le mal crée le bien, ou que le bien est mauvais parce qu'il sort du mal. Ou encore, nous voilà ramenés à deux principes qui remontent eux-mêmes à un principe supérieur. De plus, si l'on prétend que la matière n'existe que comme nécessaire complément du monde, comment peut-elle être mauvaise? Car autre ce qui est mauvais, autre ce qui est nécessaire. Et comment le bien emploie-t-il le mal à la production des êtres, ou comment le mal peut-il aspirer au bien, avec lequel il est essentiellement en contradiction? Et comment la matière qu'on suppose mauvaise, donne-t-elle à certains êtres la vie et la nourriture? Car le mal, en tant que mal, n'engendre ni n'alimente, ne crée ni ne conserve aucune chose. Enfin quand on avance que la matière, si elle ne corrompt pas directement les âmes, du moins les entraîne vers le mal, cela est-il vrai? Car plusieurs d'entre elles se tournent vers le bien; or, le pourraient-elles faire, si elles étaient nécessairement inclinées vers le mal? Donc la corruption des âmes ne vient pas de la matière, mais de la fausse direction que prend leur activité. Si l'on ajoute qu'il n'en saurait être d'une autre sorte, et que les âmes obéissent nécessairement aux mobiles impressions de la matière dont elles ne furent pas créées indépendantes, je demanderai à mon tour: comment le mal est-il nécessaire, ou comment ce qui est nécessaire est-il mauvais?

XXIX. Bien plus, ce que nous appelons privation ne contredit pas le bien par sa force propre. Car ou la privation est complète, et par là même elle n'est qu'une radicale impuissance ou elle n'est que partielle, et en ce cas, si elle possède quelque énergie, c'est qu'on la considère à l'endroit par où elle n'est pas privation. Et en effet, la privation d'un bien partiel n'est pas précisément un mal, et si la privation devient complète, le sujet même du mal disparaît.

XXX. Pour tout dire en un mot, le bien procède d'une cause unique et totalement parfaite, le mal résulte de défectuosités multiples et particulières. Dieu connaît le mal sous la raison du bien, et devant son regard, les principes qui produisent le mal sont des puissances capables de bien. D'ailleurs, si le mal est éternel et créateur; s'il possède l'existence et l'activité, et s'il agit réellement, d'où lui viennent ces perfections? les reçoit-il du bien? ou le bien les reçoit-il de lui? Ou y aurait-il quelque cause suprême qui les communique à l'un et à l'autre? Tout ce qui résulte naturellement d'une chose, trouve en elle sa raison d'être déterminée; or le mal n'ayant pas sa raison d'être déterminée, n'est le résultat naturel d'aucune cause; car ce qui est contre nature ne dérive pas de la nature, comme l'irrégularité n'a pas sa raison dans la règle. Est-ce donc que l'âme est cause du mal, comme le feu est cause de la chaleur, et qu'elle emplit de sa malice les substances auxquelles elle s'allie? Ou originairement douée d'une nature bonne, ses opérations seraient-elles tantôt bonnes et tantôt mauvaises? Or, si l'âme est naturellement mauvaise, alors d'où vient sa substance? Est-ce du principe souverainement bon qui a créé tous les êtres? Mais en ce cas, comment peut-elle être essentiellement mauvaise, puisque la cause suprême ne produit que des œuvres bonnes? Si au contraire l'âme est mauvaise dans ses actions, du moins ce n'est pas toujours: autrement et si elle n'était créée conforme au bien, d'où lui viendrait la vertu? Reste donc à conclure que le mal est faiblesse et défection dans le bien.

XXXI. Toutes choses bonnes dérivent d'une cause unique. Puis donc que le mal est l'opposé du bien, toutes choses mauvaises dérivent de causes multiples; non pas que ces causes soient les raisons d'être du mal, et le produisent par une efficacité positive; elles ne sont au contraire que privation, faiblesse, mélange inharmonique de substances dissemblables. Le mal n'a pas de fixité, ni d'identité; mais il est varié, indéfini, et comme flottant en des sujets qui n'ont pas eux-mêmes l'immutabilité. Tout ce qui est, même ce qui est mauvais, a le bien pour principe et pour fin; car c'est pour le bien que toutes choses se font, et les bonnes et les mauvaises. Celles-ci mêmes, nous les faisons par amour du bien;

car personne n'agit en se proposant directement le mal. Ainsi le mal n'est pas une substance, mais un accident des substances, et on le commet non point en vue de lui, mais en vue du bien.

XXXII. On ne doit pas attribuer au mal une existence propre et indépendante, ni un principe où il trouve sa raison d'être. Oui, il revêt une couleur plausible aux yeux de quiconque s'y abandonne, parce qu'on recherche le bien ; mais au fond, il n'est que désordre, parce que l'on estime bon ce qui n'est pas véritablement tel. Car autre est l'intention adoptée, et autre le fait accompli. Donc le mal fausse la route, n'atteint pas le but, trahit la nature, n'a ni cause ni principe formels, est en dehors de la fin, des prévisions, des désirs, et ne subsiste réellement pas. Par suite, il est une privation, une défectuosité, une faiblesse, un dérèglement, une erreur, une illusion ; il est sans beauté, sans vie, sans intelligence, sans raison, sans perfection, sans fixité, sans cause, sans manière d'être déterminée. Il est infécond, inerte, impuissant, désordonné, plein de contradiction, d'incertitude, de ténèbres, il n'a pas de substance et n'est absolument rien de ce qui existe. Comment donc le mal a-t-il quelque puissance ? par son mélange avec le bien ; car ce qui est entièrement dénué de bien, n'est rien, et ne peut rien. Effectivement, si le bien est chose réelle, spontanée, puissante et énergique, que peut opérer ce qui est opposé au bien, ce qui n'a ni être, ni volonté, ni force, ni action ? Au reste, les choses mauvaises ne le sont pas constamment ni pour tous les êtres au même titre. Les démons trouvent leur mal en ce qu'ils cessent de se conformer à la bonté souveraine ; les âmes en ce qu'elles sont détournées de la droite raison ; les corps en ce qui blesse leur nature.

XXXIII. Mais comment y a-t-il du mal sous l'empire de la providence ? Le mal, en tant que mal, n'est pas une réalité, et ne subsiste dans aucun être. D'une part, tous les êtres sont l'objet des sollicitudes de la providence, et de l'autre, le mal n'existe pas sans mélange de quelque bien. Or, le mal est une déchéance du bien, et nul être ne saurait totalement déchoir du bien. Puis donc qu'il en va ainsi, la providence veille sur tous les êtres, et nul d'entre eux ne lui échappe. Même elle se sert avec amour des choses devenues mauvaises pour leur amélioration, ou pour l'utilité générale ou particulière des autres ; et elle pourvoit à toutes, comme il convient à leur nature respective. Aussi nous réprouvons la parole inconsidérée de quelques-uns qui prétendent que la providence devrait nous entraîner forcément à la vertu ; car ce n'est pas le propre de la providence de violenter la nature. De là vient que, maintenant les êtres dans leur essence, elle veille sur ceux qui sont libres, sur l'univers et sur chacune de ses parties, en tenant compte de la spontanéité, de la totalité ou des particularités, et selon que les objets sont naturellement susceptibles de ses soins pleins de tendresse, qui leur sont toujours départis avec une libéralité splendide, et en des proportions convenables.

XXXIV. Le mal donc n'est point un être, et ne subsiste dans aucun être. Le mal, en tant que mal, n'est nulle part, et quand il se produit, ce n'est pas comme résultat d'une force, mais d'une infirmité. Ainsi l'existence des démons est chose bonne, et elle procède du bien ; le mal pour eux consiste en ce qu'ils sont déchus de leur destination propre, qu'ils n'ont pas su se maintenir immuables dans leur état originel, ni garder dans son intégrité la perfection angélique qui leur était départie. Les démons recherchent le bien quand ils désirent l'être, la vie, l'intelligence ; et quand ils ne désirent pas le bien, ils recherchent ce qui n'est pas : ce n'est point là proprement un désir, c'est plutôt le néant du désir véritable.

XXXV. Remarquons ici, d'après les Écritures, que ceux-là pèchent avec connaissance qui négligent d'étudier et d'accomplir le bien qu'on ne peut ignorer ; qui savent la volonté du maître et ne la font pas ; ceux encore qui prêtent l'oreille pour écouter, mais sont lâches à croire et à pratiquer le bien ; même, il en est qui s'appliquent à n'avoir pas l'intelligence du bien, par corruption ou faiblesse de volonté. En un mot, comme nous l'avons souvent répété, le mal est une faiblesse, une impuissance, un défaut en ce qui concerne la science supérieure, ou la connaissance élémentaire, ou la foi, ou le désir, ou l'exécution du bien.

Mais cette faiblesse, dira-t-on, ne mérite pas châtiment ; il semble, au contraire, qu'on doive lui pardonner. L'allégation serait bonne, si nous ne pouvions agir autrement ; mais parce que nous le pouvons, ainsi que l'établissent les divins oracles, enseignant que le bien répand abondamment sur tous les êtres des grâces convenables, il s'ensuit que nous sommes inexcusables de tenir en oubli les biens qui nous furent départis, de nous en détourner, de les fuir, de les abdiquer. Au reste, ceci fut expliqué convenablement, eu égard à nos forces, dans notre livre *Du juste Jugement de Dieu*, où nous avons réfuté ces insensés sophistes qui osent bien accuser la divinité d'injustice et de mensonge.

Voilà que nous avons loué du mieux possible le bien suprême, comme véritablement admirable ; comme principe et fin et lien universel des êtres ; comme donnant la forme à ce qui n'existait pas, et créant tous les biens, et ne produisant aucun mal ; comme providence et bonté parfaite, qui surpasse tout être et tout non-être, qui rend bonnes les choses mauvaises, et susceptibles de bien celles qui en sont privées ; comme digne de tous désirs, de tout amour, de toute dilection ; comme réunissant enfin toutes les qualités que ce discours a développées, j'ose le dire, avec quelque exactitude.

CHAPITRE V :
DE L'ÊTRE ; OÙ L'ON PARLE AUSSI DES TYPES
OU EXEMPLAIRES

I. Nous devons aborder maintenant le nom divin d'Être, véritable nom de celui qui existe véritablement. Seulement nous observerons que ce discours n'a pas pour but d'expliquer l'essence infinie dans son excellence transcendante ; car, sous ce rapport, elle est ineffable, incompréhensible ; on ne saurait absolument la sonder, et elle échappe même au regard intuitif des bienheureux. Mais nous ne voulons que célébrer la fécondité vivifiante de l'essence plénière, qui se communique à tous les êtres. Car, de même que la qualification de bonté appliquée à Dieu exprime toutes les productions émanées de cette cause universelle, et comprend tout ce qui est ou existant ou possible, et s'étend même par delà ; ainsi la dénomination d'être s'étend à tous les êtres et par delà ; la dénomination de vie, à tout ce qui vit et au-dessus de tout ce qui vit ; le nom de sagesse, à toutes choses douées d'intelligence, de raison et de sensibilité, et plus loin encore.

II. J'ai donc intention de traiter exclusivement des noms divins qui désignent la providence, et non pas de manifester ce qu'est, dans les profondeurs de sa nature suressentielle, la bonté, la substance, la vie, la sagesse de la divinité, qui surpasse toute bonté, toute divinité, toute substance, toute sagesse, toute vie, et qui habite, comme disent les Écritures, dans un mystérieux secret. J'ai intention de louer la douce providence qui se révèle en ses œuvres, et la bonté libérale, cause de tous les biens, et l'être, et la vie, et la sagesse de Dieu, en tant qu'il crée par ces attributs l'être, la vie et la sagesse de tout ce qui participe à l'existence, à la vie, à l'intelligence, à la raison et à la sensibilité. Je n'affirme donc pas qu'autre chose soit le bien, et autre chose l'être, la vie, la sagesse, ni qu'il y ait des causes multiples et des divinités nombreuses de différents degrés, qui produisent chacune ses œuvres propres. Je dis, au contraire, qu'il n'existe qu'un seul Dieu, auteur souverain de toutes choses bonnes, et auquel appartiennent toutes les qualifications que j'emploie. Je dis qu'un de ces noms sacrés s'applique à la providence divine considérée dans la totalité de ses bienfaits, et les autres à la même providence, considérée dans ses effets plus ou moins généraux, plus ou moins particuliers.

III. Mais on va me dire : l'être ayant plus d'extension que la vie, et la vie plus que la sagesse, comment se fait-il que les choses qui vivent l'emportent sur ce qui n'a que l'existence, les choses douées de sensibilité sur ce qui n'a que la vie, les choses raisonnables sur ce qui n'a que le sentiment, et les pures intelligences sur ce qui possède la raison, et qu'elles se trouvent ainsi plus élevées et plus proches de la divinité ? Car les êtres qui participent aux plus larges bienfaits de Dieu devraient, ce semble, avoir plus de noblesse et d'excellence que les autres. Oui, sans doute, si les substances spirituelles pouvaient être dépourvues de vie et d'existence ; mais si elles ont un être plus parfait que les autres êtres, une vie supérieure à celle des créatures vivantes, une force de comprendre et de connaître où n'atteint ni le sentiment ni la raison ; si, plus que tout autre existence, elles aspirent et communient au bon et au beau ; alors, appelées à une participation plus complète du souverain bien, honorées de grâces plus nombreuses et plus riches, elles seront assurément plus voisines de la divinité. Également par le glorieux privilège de la raison, les êtres raisonnables surpassent ceux qui n'ont que le sentiment ; et ceux-ci, par la sensibilité, l'emportent sur les êtres qui n'ont que la vie ; et ces derniers, par la vie, sur ceux qui ont simplement l'existence. En un mot, on peut dire avec vérité que plus les créatures participent à l'unité, c'est-à-dire à Dieu qui abonde en richesses infinies, plus elles se rapprochent de lui, plus elles croissent en excellence.

IV. Ces principes établis, proclamons que le bon est l'être véritable, et que c'est lui qui donne l'être à toutes choses. Or, « celui qui est [63], » féconde et suressentielle cause de toute existence même possible, a créé l'être, la subsistance, la personne et la nature. Il est le principe et la mesure des siècles ; il a fait le temps et la durée des êtres ; il est le temps des choses qui passent, l'être des choses qui ont l'existence à quelque degré que ce soit, la production de tout ce qui est engendré. De l'être vient la durée, et la substance, et l'existence, et le temps, et la génération et ce qui en résulte, et tout ce que possèdent réellement les êtres, et tout ce qui est accidentel, et tout ce qui est substantiel. Car Dieu n'existe pas d'une manière bornée ; mais il est absolument et infiniment, possédant en lui-même et par anticipation la totale plénitude de l'être : aussi l'appelle-t-on le Roi des siècles [64], parce qu'en lui comme dans sa source réside et subsiste l'être de toutes choses, et parce qu'on ne saurait dire qu'il fut, qu'il sera, qu'il ait été produit, ou qu'il le soit, ou qu'il doive l'être. Même, pour mieux dire, il n'est pas ; mais tout ce qui

---

[63] Exode, III, 14.
[64] I Tim., I, 17.

est a son être en lui. Et non seulement les choses elles-mêmes, mais encore leur essence intime procède de celui qui existe avant l'éternité : car il est le siècle des siècles et il précède tous les temps.

V. Ne craignons donc pas de répéter que toutes choses et toute durée tirent leur être de celui qui existe éternellement. Oui, l'éternité et le temps procèdent de lui ; et, principe sans commencement, il a créé les êtres quels qu'ils soient et la durée qui mesure leur existence. Tout participe de lui, et rien ne lui demeure étranger. Il est antérieur à tout, et tout subsiste en lui. En un mot, c'est en celui qui précède l'être que toute chose, quelle qu'elle soit, existe, se conçoit et se maintient. L'être apparaît comme la participation radicale, fondement de toutes les autres ; on comprend en effet que l'être en soi a la priorité sur les autres dons accordés aux créatures, sur la vie, la sagesse, la ressemblance formelle avec la divinité ; et, de quelques perfections qu'elles soient ornées, l'être est la première participation qu'elles reçoivent. Il y a plus : ces participations, qui sont le fond des diverses substances, trouvent elles-mêmes leur fond dans la participation de l'être nécessaire qui est l'essence et la durée de toutes choses. C'est donc à juste titre que nous débutons dans les louanges de Dieu par la qualification d'être, puisque l'être est le premier de tous ses dons ; car, possédant en soi, de toute éternité, l'excellence et la plénitude de l'être, il a produit d'abord ce que j'ai nommé participation de l'être, et ensuite, par elle, il a créé tout ce qui existe à quelque degré que ce soit. C'est donc par la participation à l'être que les divers principes des choses existent et deviennent principes ; mais ils existent d'abord et puis deviennent principes. Et si vous voulez nommer participation de la vie le principe de toutes choses vivantes, et participation de la similitude le principe de toutes les choses semblables, et participation de l'unité le principe de toutes les choses unies, et participation de l'ordre le principe de toutes choses ordonnées, et enfin participation de tel ou tel genre, de la pluralité, de la diversité, le principe des choses de tel ou tel genre des choses multiples ou diverses ; vous verrez que ces participations communient d'abord à l'être absolu, et ainsi commencent par avoir une subsistance ; puis elles deviennent principes des divers êtres, tellement qu'elles existent et sont communicables précisément par leur participation à l'être. Mais si telle est la raison constitutive des principes eux-mêmes, elle devra se trouver plus essentiellement encore dans les choses qui dérivent des principes.

VI. Puis donc que l'absolue et infinie bonté produit l'être comme son premier bienfait, il convient de la louer d'abord de cette grâce, qui précède toutes les autres grâces. Ainsi, la participation de l'être, les principes des choses et les choses elles-mêmes, et tout ce qui existe en quelque sorte que ce soit, viennent de la bonté et subsistent en elle d'une façon incompréhensible, sans diversité, sans pluralité. De même tout nombre préexiste confondu dans l'unité, et l'unité renferme tout nombre en sa simplicité parfaite ; tout nombre est un en l'unité, et plus il s'éloigne d'elle, plus il se divise et se multiplie. Également, tous les rayons du cercle se trouvent unis dans un centre commun ; et ce centre indivisible comprend en lui-même tous les rayons qui sont absolument indistincts, soit les uns des autres, soit du point unique d'où ils partent. Entièrement confondus dans ce milieu, s'ils s'en éloignent quelque peu, dès lors ils commencent à se séparer mutuellement ; s'ils s'en éloignent davantage, ils continuent à se séparer en la même proportion ; en un mot, plus ils sont proches ou distants du point central, plus aussi s'augmente leur proximité ou leur distance respective.

VII. Ainsi encore, en ce qu'on nomme la nature universelle, les raisons diverses de chaque nature particulière sont rassemblées dans une parfaite et harmonieuse unité. Ainsi dans la simplicité de l'âme sont réunies les facultés multiples qui pourvoient aux besoins de chaque partie du corps. Il est donc permis de s'élever par le moyen de ces grossières et imparfaites images jusqu'au souverain auteur de tout, et de contempler d'un regard spiritualisé toutes choses en la cause universelle et les substances les plus opposées entre elles en l'unité indivisible d'où elles procèdent. Car de ce principe fécond découle la participation de l'être et toute existence, quelle qu'elle soit, tout principe, toute fin, toute vie immortelle, toute sagesse, tout ordre et harmonie, toute force, toute protection, tout affermissement et tout bienfait, toute intelligence, toute raison, tout sentiment, toute habitude, tout repos, tout mouvement, toute union, toute alliance, toute amitié, toute concorde, toute distinction, toute limitation, enfin toute autre réalité qui se rencontre dans les êtres.

VIII. De cette même cause générale procèdent les anges, essences intelligibles et intelligentes, et les âmes, et les natures corporelles, et tout ce qui existe, soit comme modes des substances, soit comme êtres de raison. Oui, les plus saintes et les plus sublimes puissances des cieux, celles qui sont placées, si j'ose parler ainsi, près du sanctuaire de l'auguste Trinité, obtiennent d'elle et en elle et d'exister et de ressembler à Dieu ; ensuite ces mêmes bienfaits descendent sur les vertus inférieures avec moins d'abondance, et arrivent à la dernière hiérarchie en un degré moindre encore par rapport aux autres rangs des anges, mais toujours supérieur à nos participations humaines. Également et dans le même sens, les âmes et les autres réalités possèdent l'être et le bien-être ; elles existent et sont bonnes ; et l'Éternel leur a conféré ces dons et il les leur conserve ; et c'est de lui qu'elles tirent leur origine, par lui qu'elles se maintiennent et en lui qu'elles se perfectionnent. A la vérité, il admet à une plus honorable participation de l'être ces nobles substances que l'Écriture nomme éternelles[65] ; mais l'être ne fait défaut à aucune des autres choses.

L'Éternel a produit la participation de l'être : ainsi, l'existence relève de lui, et il ne relève pas d'elle ; elle est comprise en lui, et il n'est pas compris en elle ; elle participe de lui, et il ne participe pas d'elle. Il est la mesure, le principe et la durée de l'être ; car il précède et l'être et la durée, et il est la cause féconde, le milieu et la fin de toutes choses. De là vient que l'Écriture lui applique toutes les expressions qui désignent la raison constitutive des divers êtres et dit très bien de lui qu'il était, qu'il est et qu'il sera ; qu'il a duré, qu'il dure et durera ; car ces locutions, pour qui les comprend religieusement, signifient que la divinité existe suréminemment, en quelque sens qu'on veuille le prendre, et qu'elle est le principe de toutes choses, quelles qu'elles soient. Effectivement, Dieu n'est pas tel objet à l'exclusion de tel autre objet, il ne possède pas tel mode à l'exclusion de tel autre mode ; mais il est tout, dans ce sens qu'il a tout produit et qu'il renferme en sa plénitude le principe et la fin de tout ; et il est en même temps au-desssus de tout, parce qu'il existe d'une façon suressentielle et antérieurement à tout. C'est pourquoi toutes choses peuvent à la fois s'affirmer de lui, et il n'est pourtant aucune de ces choses : ainsi, il a toute forme, toute beauté, et il est sans forme, sans beauté ; car il possède par anticipation, d'une manière transcendante et incompréhensible, le principe, le milieu et la fin de tout ce qui est ; et, en vertu de sa causalité une et simple, il répand sur l'univers entier le pur rayon de l'être. Car, si le même soleil qui verse uniformément les flots de sa lumière sur la substance et les qualités des corps si nombreux et si variés, cependant les renouvelle tous, les alimente, les conserve et les perfectionne, les distingue et les unit, les échauffe et les féconde, les fait croître, les transforme et les fortifie, leur donne de produire et de se mouvoir et de vivre ; si tous, selon leur nature respective, reçoivent l'influence d'un seul et même astre, qui, ainsi, possède préalablement, sous la raison de l'unité, les causes diverses de tant d'effets : à plus forte raison faut-il accorder que les types de toutes choses préexistent, sous la condition d'une parfaite et surnaturelle unité, en celui qui est l'auteur du soleil et de tous les êtres : car c'est lui qui produit les substances par une force qui le rend supérieur à toute substance.

---

[65] Ps., XXIII, 1.

IX. Or, nous nommons types ou exemplaires les raisons créatrices des choses, et qui préexistent dans la simplicité de l'essence divine. L'Écriture les appelle prédestinations et saintes et bonnes volontés, qui constituent et réalisent les êtres, et selon lesquelles la souveraine puissance détermine et produit tout ce qui est. Quand donc le philosophe Clément[66] avance que les types ou exemplaires ne sont autre chose que ce qui se conçoit de plus noble dans les créatures, il ne donne pas aux mots leur valeur propre, rigoureuse et naturelle ; et quand on accorderait que ce langage fut exact, encore faudrait-il l'entendre dans le sens des saints oracles, où il est dit que les créatures ne nous sont pas manifestées pour qu'on les adore, mais afin que, par la connaissance qui nous en viendra, nous soyons élevés, selon la mesure de nos forces, jusqu'à la cause universelle[67]. Toutes choses doivent être attribuées à Dieu, sans altération de sa simplicité ineffable. Car il communique d'abord l'existence, premier don de sa bonté créatrice ; puis il pénètre toutes choses et les remplit des richesses de l'être, et il se réjouit dans ses œuvres. Mais tout préexistait en lui dans le mystère d'une simplicité transcendante qui exclut toute dualité ; et tout est également contenu dans le sein de son immensité indivisible, et tout participe à son unité féconde, comme une seule et même voix peut frapper en même temps plusieurs oreilles.

X. L'Éternel est donc le principe et la fin de tous les êtres : leur principe, parce qu'il les a créés ; leur fin, parce qu'ils sont faits pour lui. Il est le terme de tout et la raison infinie de tout ce qui est indéfini et fini, créateur des effets les plus divers. Car, dans son unité, comme il a été souvent dit, il possède et produit tous les êtres ; présent à tout et partout, sans division de son unité et sans altération de son identité s'inclinant vers les créatures, sans sortir de lui-même ; toujours en repos et en mouvement : ou mieux encore, n'ayant ni repos, ni mouvement, ni principe, ni milieu, ni fin, n'existant en aucun des êtres et n'étant rien de ce qui est. En un mot, nulles choses ne le représentent convenablement, ni celles qui ont une durée impérissable, ni celles qui subsistent dans le temps ; mais il est au-dessus de la durée et du temps et de ce qui est immortel et temporaire. Aussi les siècles sans fin et tout ce qui subsiste, les êtres et les mesures qu'on leur applique sont de lui et par lui.

Mais ce point sera traité ailleurs avec plus d'à propos.

---

[66] Philipp., IV, 3.
[67] Exod., XXV, 40.

CHAPITRE VI :
DE LA VIE

I. Maintenant il nous faut louer la vie, cette vie éternelle d'où procède la participation de la vie et toute vie particulière, et d'où la force vitale se répand, en la façon qui leur convient, sur tous les erre, qui la possèdent. C'est d'elle que vient, c'est pour elle que subsiste la vie et l'immortalité des saints anges et cette activité inamissible qui les distigue : voilà pourquoi on les nomme impérissables et immortels ; comme aussi on les nomme mortels parce que ce n'est pas d'eux-mêmes qu'ils tirent l'incorruptibilité et la permanence, mais bien de la cause féconde qui donne et conserve toute vie. Et comme, en parlant de l'Être par excellence, nous avons dit qu'il est le fond éternel d'où émane la participation de l'être, de même nous affirmons ici que la vie divine produit et vivifie la participation de la vie, et que toute vie et tout mouvement vital procèdent de ce foyer placé par delà toute vie et tout principe de vie. C'est de là encore que nos âmes reçoivent l'incorruptibilité ; c'est par là que, dans les animaux et les plantes, brille un dernier et lointain reflet de la vie. Ce principe disparaissant, toute vie s'éteint, comme l'enseigne l'Écriture ; mais quand les choses qui, par faiblesse, avaient cessé d'y participer, se tournent vers lui, à l'instant elles revivent.

II. Dieu produit donc d'abord le principe essentiel de toute vie créée, puis toutes choses vivantes, se communiquant d'une manière analogue à chaque nature particulière. Il donne aux habitants des cieux une vie conforme à la sienne, immatérielle, inaccessible au changement et à la mort, et une activité qui ne saurait se lasser, s'égarer, ni finir. Et il laisse déborder sa bonté immense jusque sur les démons eux-mêmes ; car c'est à lui, et non à aucune autre cause qu'ils doivent l'origine et la conservation de leur vie. Les hommes, de nature complexe, reçoivent une vie qui se rapproche de celle des anges et quand nous le fuyons, Dieu, dans l'excès de son amour, nous rappelle et nous convertit à lui ; et ce qu'il y a de pus merveilleux, il a promis de nous remettre tout entiers, et nos âmes et nos corps, en possession d'une parfaite et éternelle vie : renouvellement que l'antiquité jugeait opposé à la nature, et que vous et moi et les amis de la vérité nommons divin et supérieur à la nature ; je veux dire à cette nature que nous voyons, mais non pas à la nature toute-puissante de Dieu vivant, qui, renfermant toute vie terrestre et céleste, ne saurait trouver aucune âme opposée ou supérieure à elle. C'est pourquoi loin de l'Église de Dieu, loin de toute âme pieuse les discours insensés de Simon[68] qui nous contredit en ce point ! Je le vois, malgré la bonne opinion qu'il a de son savoir, il ne comprend pas qu'avec un jugement droit on n'invoquera jamais des arguments fondés sur l'expérience sensible, pour attaquer la cause universelle qui ne tombe pas sous l'appréhension des sens. Et il faut dire à cet homme que lui-même est en dehors de la nature ; car, pour l'auteur souverain de tout, rien ne peut lui être contraire.

III. C'est de cette vie originelle que les animaux et les plantes reçoivent leur vie et leur développement. Toute vie, quelle qu'elle soit, purement intellectuelle, raisonnable, animale, végétative ; tout principe de vie, toute chose vivante enfin, empruntent leur vie et leur activité à cette vie suréminente, et préexistent en sa simplicité féconde. Elle est la vie suprême, primitive, la cause puissante qui produit, perfectionne et distingue tous genres de vie. Et à cause de ses nombreux et vivants effets, on peut la nommer vie multiple et universelle, et la considérer et la louer en chaque vie particulière ; car rien ne lui manque ; elle possède, au contraire, la plénitude de la vie ; elle vit par elle-même et d'une vie transcendante, et elle a une sublime force de vivifier et tout ce que l'homme enfin peut dire de glorieux touchant cette inexprimable vie.

---

[68] Actes, VIII, 9.

CHAPITRE VII :
DE LA SAGESSE, DE L'INTELLIGENCE, DE LA RAISON, DE LA VÉRITÉ ET DE LA FOI

I. Maintenant, si vous l'avez pour agréable, considérons cette douce et éternelle vie, en tant qu'elle est sage et la sagesse même ou plutôt, en tant qu'elle produit toute sagesse, et qu'elle surpasse toute sagesse et toute prudence. Car non seulement Dieu possède la sagesse avec plénitude, et sa prudence n'a pas de bornes ; mais encore il s'élève par delà toute raison, tout entendement et toute sagesse. C'est ce qu'avait merveilleusement compris ce personnage vraiment divin, notre commune lumière, à mon maître et à moi, quand il disait : « Ce qui est insensé en Dieu est plus sage que les hommes [69] ; » d'abord parce que toute connaissance humaine n'est qu'égarement, si on la compare à l'immutabilité parfaite des éternelles pensées de Dieu ; ensuite parce que c'est l'usage des théologiens de recourir à la négation précisément pour affirmer l'excellence des attributs divins. Ainsi, les Écritures appellent invisible l'éblouissante lumière de Dieu ; ineffable et sans nom celui auquel conviennent toutes louanges et tous noms ; incompréhensible et échappant à toute recherche celui qui est présent à tout, et que toutes créatures révèlent. C'est en ce sens qu'on doit entendre le saint Apôtre, lorsque, pour nous élever à la vérité qui ne peut s'exprimer, et qui surpasse toute sagesse, il loue comme folie divine ce qui semble contraire à la raison et absurde. Mais, comme j'ai dit ailleurs, si ramenant à notre taille ce qui est plus grand que nous, et invoquant une raison plongée dans le monde matériel, et comparant les choses divines aux choses humaines, nous ne voulons apprécier que par ce qui nous est connu de l'éternelle sagesse qui nous est cachée, nous tombons dans l'illusion. Car il faut savoir que nous avons à la vérité une certaine faculté, par laquelle notre entendement voit les choses intelligibles ; mais qu'il y a aussi une union qui nous met en rapport avec ce qui nous dépasse, et où notre esprit n'atteint pas naturellement. Or c'est par ce dernier moyen qu'il faut considérer les choses divines, non pas en les abaissant jusqu'à nous, mais en sortant de nous-mêmes, pour nous donner tout entiers à Dieu ; car il vaut mieux être à lui qu'à nous. D'ailleurs, ceux-là seuls participent aux grâces divines, qui appar-

---

[69] I Cor., I, 25.

tiennent à Dieu. C'est pourquoi, à la louange de cette sagesse que son excellence rend irraisonnable, insensée et folle, nous publions qu'elle est la cause de toute intelligence et raison, de toute sagesse et de toute prudence ; que d'elle procède tout bon conseil, toute connaissance et habileté, et qu'en elle sont renfermés les trésors de la science et de la sagesse. Car, conformément à ce qui a été dit, cette cause excellemment sage produit le principe absolu de toute sagesse, tant en général qu'en particulier.

II. C'est de cette source que les anges, puissances intelligibles et intelligentes, reçoivent leurs simples et bienheureuses notions. Cette science divine, ils ne la cherchent pas dans le monde matériel, ni ne la déduisent d'éléments multiples, d'objets sensibles, ou de raisonnements laborieux ; mais, n'ayant rien de commun avec ces grossiers moyens, et n'étant point impliqués dans la matière et la multiplicité, ils entendent ce qu'il leur est donné de connaître en la divinité, d'une façon simple, spirituelle, unitive. Et leurs faculté et opération intellectuelle brillent d'une pureté sans mélange et sans souillure, les rendent capables de contempler les idées divines, et à raison de leur simplicité, de leur immatérialité, et de leur unité parfaite, les façonnent, autant qu'il est possible, à la ressemblance de l'intelligence et de la raison infiniment sages de Dieu.

C'est encore à cette sagesse originelle que les âmes empruntent le raisonnement ; car, ne pouvant aborder directement l'essence des choses, elles n'y arrivent qu'à l'aide de déductions compliquées. Aussi nos connaissances, à cause de la multitude et de la variété des éléments dont elles se forment, sont bien loin de celles des purs esprits ; et toutefois, lorsque nous ramenons à l'unité nos notions diverses, la science humaine a quelque chose d'angélique, autant du moins que l'âme peut s'élever à cette ressemblance. Ensuite, que la sensibilité elle-même soit un reflet de la sagesse divine, c'est ce qu'on peut affirmer avec justesse. Bien plus, chez les démons, l'intelligence, en tant qu'intelligence, procède de la sagesse suprême, mais en tant qu'intelligence pervertie, qui ne sait, ni ne veut atteindre l'objet d'un légitime désir, elle est plutôt une déchéance de la sagesse.

On dit donc avec raison que la sagesse divine est le principe, la cause productrice, le perfectionnement, la conservation et le terme de toute sagesse générale et particulière, et de toute intelligence, raison et sentiment : mais alors, comment Dieu qui s'élève par delà toute sagesse, est-il nommé sagesse, intelligence, raison et connaissance ? Comment peut-il y avoir pour lui quelque chose d'intelligible, puisqu'il n'a pas d'opérations intellectuelles ? comment peut-il connaître les choses sensibles, puisqu'il est absolument en dehors du monde des sens ?

Pourtant, les Écritures enseignent qu'il sait tout, et que rien n'échappe à son œil vigilant[70].

Or, comme je l'ai souvent répété, ce qui est divin, il faut l'entendre d'une manière divine. Car, si l'on nie qu'il y ait en Dieu intelligence et sensibilité, ce n'est pas que ces qualités lui manquent, c'est qu'il les possède sous une forme plus éminente. Ainsi, nous proclamons irraisonnable celui qui dépasse toute raison ; nous attribuons l'imperfection à celui dont la perfection est supérieure et préexistante à toute autre ; nous nommons obscurité qu'on ne saurait ni atteindre, ni voir, l'océan de la lumière inaccessible, précisément parce qu'elle dépasse excellemment toute la lumière visible. L'entendement divin pénètre donc toutes choses par une vue transcendante ; il puise dans la cause universelle la science des êtres qui ne sont pas encore ; il a connu les anges, avant qu'ils fussent produits, et les a créés ensuite ; et toutes choses enfin lui furent manifestées intimement et dès l'éternité, si je puis dire ainsi, avant qu'elles reçussent l'existence. C'est ce que l'Écriture a voulu enseigner sans doute, quand elle dit que Dieu connaît les réalités antérieurement à leur production. Car l'entendement divin n'étudie pas les êtres dans les êtres eux-mêmes ; mais de sa vertu propre, en lui et par lui, il possède et contient par anticipation l'idée, la science et la substance de toutes choses : non pas qu'il les contemple dans leur forme particulière ; mais il les voit et les pénètre dans leur cause qu'il comprend toute entière. Ainsi, la lumière, si elle était intelligente, connaîtrait les ténèbres par avance et en ses propres qualités, les ténèbres ne pouvant se concevoir autrement que par la lumière. Puis donc qu'elle se connaît, la divine sagesse connaît tout ; elle conçoit et produit immatériellement les choses matérielles, indivisiblement les choses divisibles, la diversité avec simplicité, et la pluralité avec unité. Car, si Dieu produit tous les êtres par l'unité de sa force, il les connaîtra tous aussi dans l'unité de leur cause, puisqu'ils procèdent de lui, et préexistent en lui. Et il n'emprunte pas aux choses la science qu'il en a ; mais plutôt il leur donne à toutes de se connaître elles-mêmes et d'être connues l'une par l'autre. Dieu n'a donc pas une connaissance particulière par laquelle il se comprend, et une autre connaissance par laquelle il comprend généralement le reste des êtres ; mais cause universelle, dès qu'il se connaît, il ne saurait ignorer ce qu'il a lui-même produit. Ainsi, Dieu sait toutes choses parce qu'il les voit en lui, et non parce qu'il les voit en elles ; ainsi encore les anges qui, d'après les Écritures, savent ce qui se passe sur terre, constatent les phénomènes sensibles, non par la voie des sens, mais par une force supérieure, et par la propriété de leur entendement, fait à l'image de Dieu.

---

[70] Jean, III, 20 ; XXI, 17.

III. Il faut rechercher maintenant comment nous connaissons Dieu, que ni l'entendement, ni les sens n'atteignent, et qui n'est rien de ce qui existe. Or n'est-il pas vrai de dire que la nature de Dieu nous est inconnue, puisqu'elle dépasse toute raison, tout esprit, et ne saurait devenir l'objet de notre science ? n'est-il pas vrai que par la magnifique ordonnance de l'univers que Dieu a établie, et où reluisent les images et les vestiges des idées divines, nous sommes élevés, comme par une route naturelle et facile, jusqu'à l'être souverain, autant que nos forces le permettent, niant tout de lui, et le plaçant par-dessus tout, et le considérant comme la cause de tout ? C'est pourquoi toutes choses parlent de Dieu, et nulle chose n'en parle bien ; on le connaît par science, et à la fois par ignorance ; il est accessible à l'entendement, à la raison, à la science ; on le discerne par la sensibilité, par l'opinion, par l'imagination ; on le nomme enfin ; et d'autre part, il est incompréhensible, ineffable, sans nom. Il n'est rien de ce qui existe, et rien de ce qui existe ne le fait comprendre.

Il est tout en toutes choses, et il n'est essentiellement en aucune chose. Tout le révèle à tous, et rien ne le manifeste à personne ; ces locutions diverses s'appliquent très bien à Dieu, et on peut le désigner par toutes les réalités, en ce que toutes elles ont quelque analogie avec lui, qui les a produites. Mais il y a encore une plus parfaite connaissance de Dieu qui résulte d'une sublime ignorance et s'accomplit en vertu d'une incompréhensible union ; c'est lorsque l'âme quittant toutes choses, et s'oubliant elle-même, est plongée dans les flots de la gloire divine, et s'éclaire parmi ces splendides abîmes de la sagesse insondable. Toutefois, je répète qu'on peut connaître Dieu par la création ; car, selon les Écritures, c'est lui qui a créé toutes choses, et établi d'inviolables rapports ; qui a fondé, et qui maintient l'ordre et l'harmonie universelle ; qui allie heureusement ensemble l'extrémité inférieure d'un rang plus élevé et l'extrémité supérieure d'un rang subalterne, et ramène toutes les créatures à une merveilleuse unité et à un accord parfait.

IV. Dieu est encore nommé raison dans les saintes Lettres, non seulement parce qu'il est le distributeur de toute raison, intelligence et sagesse, mais aussi parce qu'en son unité préexistent les causes de tout, et qu'il pénètre l'univers, l'atteignant d'un bout à l'autre[71], comme parlent nos oracles ; mais surtout parce que la raison divine est d'une simplicité sans égale, et que son excellence infinie la rend essentiellement supérieure à tout. Et cette raison n'est autre chose que la vérité dans sa simplicité parfaite, et la pure et infaillible connaissance des choses

---

[71] Sagesse, VIII, 1-3. « Il pénètre jusqu'aux extrémités de toutes choses. »

et sous ce rapport, elle devient l'objet de la foi divine ; et la foi, base inébranlable, fixe les croyants dans la vérité, et fixe la vérité en eux ; et la vérité connue dans sa pureté, les fidèles s'y attachent avec une force et une persuasion invincibles.

Car, si la connaissance unit avec intimité son sujet et son objet ; et si l'ignorance est pour celui en qui elle réside un principe de changement et de variation, certainement celui qui croit en vérité, comme dit la parole sacrée, ne pourra être détourné de la loi, qu'il gardera avec une ferme constance et une permanente immutabilité. Le fidèle ainsi dévoué a pleine conscience de son bonheur, quoique la foule l'accuse de déraison et de folie. Au reste, c'est juste ; car elle ne sait pas que de l'erreur il est passé à la vérité par la foi. Mais il voit très bien, lui, qu'il n'a point perdu le sens, comme on semble le croire, et que par la possession de la sainte et immuable vérité, il est affranchi de l'instabilité et des fluctuations qui le poussaient sans fin d'erreur en erreur. Aussi, chaque jour, nos maîtres dans la sagesse divine endurent la mort pour la vérité, et attestent par leurs discours et par leurs œuvres que la doctrine chrétienne touchant Dieu et la vérité l'emporte en pureté et en élévation sur toute autre, et même que c'est la seule véritable, la seule noble doctrine.

CHAPITRE VIII :
DE LA PUISSANCE, DE LA JUSTICE, DU SALUT,
DE LA RÉDEMPTION ; OÙ IL EST AUSSI TRAITÉ
DE L'INÉGALE RÉPARTITION DES BIENFAITS DIVINS

I. Mais comme les théologiens, en célébrant les louanges de la vérité divine et de la sagesse suréminente, l'appellent aussi puissance, justice, salut et rédemption, expliquons pareillement ces noms divins, selon la mesure de nos forces. Or, que Dieu souverain surpasse excellemment toute puissance réelle et imaginable, c'est ce que n'ignore sans doute aucun homme versé dans la connaissance des Écritures ; car, en plusieurs endroits, les saints livres attribuent à Dieu la domination, et le placent au-dessus des vertus célestes. Comment donc les auteurs inspirés nomment-ils puissance ce qui est par delà toute puissance ? Ou comment devons-nous entendre ce nom appliqué à la divinité ?

II. Nous affirmons donc que Dieu est puissance, parce que dès l'éternité il possède en lui toute puissance à un éminent degré ; parce qu'il est l'auteur de toute puissance, parce qu'il a tout créé par sa puissance inaltérable et sans limites. Oui, il a produit la raison constitutive de toute puissance, tant générale que particulière. Il est infiniment fort, non seulement en ce que toute puissance vient de lui, mais aussi en ce qu'il dépasse toute puissance réelle et même idéale ; en ce qu'il peut sans fin donner l'être à un nombre infini de puissances nouvelles ; en ce que sa puissance créatrice, se fut-elle exercée de mille manières à la production de mondes infinis, conserverait néanmoins toute sa fécondité et son énergie inépuisables ; et en ce qu'on ne saurait exprimer, ni connaître, ni comprendre cette puissance transcendante, qui par sa vigueur extraordinaire fortifie la faiblesse, et conserve jusqu'aux êtres où rayonnent même ses plus obscurs reflets : précisément comme on le remarque dans le monde physique, où une vive lumière frappe les yeux les plus débiles, et où de grands bruits parviennent jusqu'à l'oreille la plus dure. Je ne parle pas de ce qui est absolument sourd, car là il n'y a pas d'ouïe ; ni de ce qui est absolument aveugle, car là il n'y a pas de vue.

III. Ainsi, à cause de son infinie richesse, la puissance divine se communique à tous les êtres. Rien de ce qui existe n'est radicalement dénué de quelque puissance ; mais toute chose a une force intellectuelle, ou raisonnable, ou vitale, ou du moins elle a l'être ; et l'être, si l'on me permet cette manière de parler, ne tire sa possibilité que de cette puissance suressentielle.

IV. C'est d'elle que les rangs sacrés des anges tiennent leur divin pouvoir, et leur stabilité, et la constante et éternelle activité de leur intelligence, et un ferme et infatigable désir du bien. C'est de cette puissance infiniment bonne et libérale qu'ils ont reçu et ce pouvoir et ces destinées, et le désir de l'immortalité, et le pouvoir même de désirer toujours pouvoir.

V. Cette infinie puissance répand ses bienfaits sur les hommes, les animaux, les plantes, et sur toute la nature ; elle fortifie les choses qui s'unissent ensemble, les étreignant dans les nœuds d'une communication réciproque ; elle conserve aux choses qui sont distinctes leur propre raison d'être, les maintenant sans confusion et sans mélange dans leurs limites respectives ; elle assure l'ordre universel, et dirige chaque être vers sa fin particulière. Elle garde inaltérable l'immortelle vie des purs esprits ; elle garde incorruptibles et dans un ordre inviolable les soleils qui brillent sur nos têtes. Elle crée la perpétuité ; elle distingue les révolutions et les temps par la variété des mouvements du ciel, et elle les rapproche par le retour périodique des astres à leur point de départ. Par elle le feu brûle inextinguible, et l'eau coule intarissable ; elle met des bornes à la diffusion de l'air ; elle pose le globe dans l'espace, et empêche que les productions terrestres ne soient altérées dans leur genre. Elle tempère, elle harmonise entre eux les éléments, sans les séparer ni les confondre. Par elle, persiste l'union de l'âme avec le corps ; par elle, les plantes font leur travail d'assimilation et d'accroissement ; par elle, les êtres conservent leurs propriétés essentielles et l'univers demeure indissoluble. Ceux qui sont déifiés reçoivent d'elle la grâce de pouvoir atteindre et d'atteindre réellement à cet heureux état. En un mot, rien absolument n'échappe à l'universelle domination et aux étreintes tutélaires de la puissance divine. Car, ce qui ne participe à la puissance par aucun endroit, n'existe pas, n'a pas de rang parmi les réalités.

VI. Mais le magicien Elymas nous fait cette objection : Si Dieu est tout-puissant, comment l'un de vos théologiens a-t-il affirmé qu'il y a quelque chose que Dieu ne peut pas ? Or, Elymas attaque ici le divin Paul qui enseigne effectivement que Dieu ne peut se renier lui-même [72]. Mais en discutant ce point, je crains bien

---

[72] II Timoth., II, 13.

qu'on ne me prenne pour un insensé qui ramasserait ses forces afin d'abattre ces frêles maisons que les enfants bâtissent sur le sable en s'amusant : comme si l'intelligence exacte de ce passage réclamait des efforts prodigieux ; comme s'il fallait toucher à un but hors de portée. Car, se renier soi-même, c'est sortir du vrai ; or, la vérité, c'est ce qui est ; et déchoir de la vérité, c'est déchoir de l'être. Si donc la vérité, c'est ce qui est, et si renier la vérité, c'est renoncer à l'être, Dieu ne saurait renoncer à l'être ; car il n'est pas non-être : absolument comme si l'on disait que Dieu ne peut pas ne pas pouvoir, qu'il ne saura jamais par expérience ce que c'est qu'ignorer quelque chose. Or, notre habile homme n'a pas compris cette solution : pareil à ces athlètes qui ne sont point encore entrés en lice, qui se figurent avoir devant eux de débiles antagonistes, et dans la ferveur d'un mâle courage, s'escriment avec des adversaires absents, et frappent les airs de coups superflus, et puis s'imaginent avoir triomphé, et s'applaudissent eux-mêmes, avant de connaître la force de leurs rivaux. Pour nous, pénétrant selon nos forces le sens de l'écrivain sacré, nous publions à la gloire de Dieu très-haut, qu'il est tout-puissant, bienheureux et seul indépendant ; qu'il soumet les siècles eux-mêmes à son autorité, et ne saurait éprouver de vicissitude ; et mieux encore, que dans sa puissance suressentielle, tous les êtres préexistent d'une manière transcendante, et que par sa force infinie, il donne à toutes choses, avec une libéralité magnifique, et de pouvoir exister et d'exister réellement.

VII. Nous disons encore que Dieu est justice, parce qu'il distribue à tous les êtres, selon leur dignité respective, les sages proportions, la beauté, l'ordre et le parfait ensemble ; parce qu'il assigne à tous leurs fonctions et leur rang, d'après une règle souverainement équitable ; et parce qu'il est la cause première de leurs opérations diverses. Car la justice divine règle toutes choses, les limite, les maintient sans mélange ni confusion, et leur donne ce que réclame le degré d'élévation où elles sont placées. Or, si cela est vrai, ceux qui accusent l'équité de Dieu commettent eux-mêmes, sans y faire attention, une criante injustice. Car, à les entendre, Dieu aurait dû donner l'immortalité à ce qui est mortel, la perfection à ce qui est imparfait ; régir par la nécessité ce qui est libre, assurer l'immutabilité à ce qui change, la force parfaite à ce qui est faible, l'éternité à ce qui est temporel, l'immobilité à ce qui est variable, et une durée sans fin à nos plaisirs fugitifs ; en un mot, ils voudraient que toutes choses fussent précisément le contraire de ce qu'elles sont. Mais il faut savoir que la justice divine est bien véritablement justice, par cela même qu'elle traite tous les êtres selon leur valeur propre, et maintient chaque nature en son rang et en sa puissance respective.

VIII. Mais on dira peut-être : Y a-t-il justice à ce que les gens de bien soient abandonnés sans secours aux vexations des méchants ? A cela nous répondons : Si ces personnes réputées saintes placent leur affection dans les biens terrestres, tant recherchés par les hommes charnels, alors elles sont totalement déchues de l'amour divin. Et je ne comprends pas qu'on les nomme saintes, puisqu'elles font cet outrage aux biens célestes et pleins de véritables attraits, de leur préférer sacrilègement des biens si peu dignes qu'on les aime et qu'on les poursuive. Si au contraire elles aiment les choses éternelles, elles devraient se réjouir qu'il leur soit donné d'atteindre l'objet de leurs vœux.

Effectivement ne s'approchent-elles pas de la perfection angélique, à mesure qu'éprises d'un ardent désir des cieux, elles renoncent aux affections terrestres, et trouvent matière à ce généreux exercice dans les tribulations endurées pour la vertu ? Ainsi, à vrai dire, il convient beaucoup mieux à la justice divine de ne pas amollir, de ne pas briser par des prospérités temporelles la mâle énergie des hommes de bien ; mais de les secourir au contraire, si on voulait les corrompre par cet endroit, de les fortifier dans leur noble et laborieux combat, et de les récompenser enfin, selon leur mérite.

IX. De plus, la justice divine est encore nommée le salut universel, parce qu'elle protège et conserve tous les êtres dans l'intégrité de leur nature propre et dans leur rang spécial, et parce qu'elle est la cause très pure de leurs opérations particulières. Si l'on veut aussi l'appeler salut, parce qu'elle préserve toute chose de la corruption, nous applaudissons volontiers à qui comprend de la sorte cet attribut, et pensons que dans son sens, comme dans le nôtre, le salut est cette force universelle, qui fait que toutes choses subsistent invariables, sans trouble ni dégradation ; qui prévient les luttes et l'hostilité en maintenant l'essentielle distinction de chaque être ; qui empêche que les substances diverses ne s'altèrent mutuellement dans leur nature ou ne se gênent dans leurs opérations, et enfin qui fixe et affermit les raisons constitutives de chaque existence, de peur qu'elles ne se corrompent et ne se convertissent en leurs contraires.

C'est entrer également dans l'esprit des saintes Lettres que de proclamer que la divinité est aussi salut parce que sa bonté secourable répare les ruines que tous les êtres pourraient subir dans leurs biens propres, autant du moins que leur nature les rend susceptibles de cette restauration. De là vient que les théologiens donnent à Dieu le titre de rédempteur, soit parce qu'il ne permet pas que les substances retombent dans le néant, soit parce que, si quelques-unes d'entre elles se précipitent dans l'erreur et le désordre, et viennent à déchoir de leur perfection naturelle, il remédie à leur faute, à leur faiblesse et à leur désastre ; qu'il supplée à ce qui leur manque, soutient paternellement leur infirmité et les délivre du mal, et que, bien plus, il les affermit dans le bien, leur restitue abondamment ce qu'elles avaient perdu, rétablit en elles l'ordre troublé et la beauté éclipsée, les rend parfaites enfin et les affranchit de toutes choses funestes.

Mais c'est assez sur tous ces points. Nous observerons seulement que la justice règle et détermine dans l'univers une certaine égalité de proportion, mais qu'elle exclut toute inégalité qui résulterait d'un défaut de proportion ; car, si par inégalité on voulait entendre ces différences qui caractérisent et distinguent les êtres, nous dirions que la justice divine la maintient, veillant à ce que le désordre et la confusion ne s'établissent pas dans le monde, et à ce que chaque substance se conserve dans l'espèce à laquelle naturellement elle appartient.

CHAPITRE IX :
DE LA GRANDEUR ET DE LA PETITESSE ;
DE L'IDENTITÉ ET DE LA DIVERSITÉ ; DE LA SIMILITUDE
ET DE LA DISSEMBLANCE ; DU REPOS ET DU MOUVEMENT ;
DE L'ÉGALITÉ.

I. Mais puisqu'on affirme de la Cause universelle la grandeur et l'exiguïté, l'identité et la diversité, la similitude et la dissemblance, le repos et le mouvement, contemplons ces noms symboliques et voyons ce qu'ils révèlent. Les Écritures donc publient la grandeur de notre Dieu souverain ; et elles le représentent comme le souffle d'un vent léger, ce qui marque sa petitesse. Elles lui attribuent l'identité quand elles disent : « Pour vous, vous demeurez le même [73] » ; et la diversité quand elles le voilent sous des formes et des figures nombreuses. Elles supposent en lui similitude, puisqu'il crée les choses semblables, et dissemblance, puisque rien absolument ne lui ressemble. Elles enseignent qu'il demeure immobile, dans un parfait repos, assis éternellement, et qu'il se meut, en pénétrant par sa vertu toutes créatures. Enfin, elles lui donnent divers noms de pareille valeur.

II. Or, Dieu est appelé grand à cause de la grandeur qui lui appartient en propre, dont il fait part à tout ce qui est grand dans l'univers, et qui s'étend et déborde par-dessus toute grandeur ; parce qu'il embrasse tout lieu, qu'il dépasse tout nombre, qu'il excède toute infinité ; parce que sa plénitude suprême et sa magnificence débordent en nombreux bienfaits, qui, répandus sur toutes les créatures avec une profusion splendide, n'éprouvent aucune diminution, mais coulent avec la même surabondance, et loin de s'appauvrir, deviennent d'autant plus riches qu'ils sont plus largement départis. Cette grandeur est infinie, sans bornes, sans mesure, et elle éclate excellemment dans ses libérales communications à tous les êtres, qui ne sauraient toutefois y participer que d'une manière limitée.

III. On attribue à Dieu l'exiguïté ou la subtilité, parce qu'il n'y a en lui ni

---

[73] Ps., CI, 28.

masse, ni distance, et qu'il pénètre partout sans obstacle. De plus, la petitesse est l'élément et le principe de toutes choses, et vous ne trouverez absolument rien qui ne soit petit par quelque endroit. Quand donc cette qualité s'applique à Dieu, il faut comprendre qu'il s'étend facilement à toutes choses, qu'il les pénètre de sa présence et de son activité, qu'il atteint jusque dans les profondeurs de l'âme et de l'esprit, des jointures et des moelles, et qu'il discerne les inclinations et les pensées du cœur, ou, pour mieux dire, tout ce qui existe, car nulle créature n'est invisible à ses yeux[74]. Conçue ainsi, cette exiguïté ne saurait se mesurer, ni s'apprécier; elle est invincible, illimitée, infinie; rien ne la contient, et elle embrasse toutes choses.

IV. On attribue à Dieu l'identité, parce qu'il est éternel par essence, qu'il demeure toujours en lui, et subsiste inaltérablement, et se trouve présent à tout d'une façon constante; parce qu'en vertu de sa force propre, il règne assis pour jamais sur le trône glorieux et paisible de son immutabilité incomparable; parce qu'il ne peut ni changer ni déchoir, et qu'il est fort, invariable, pur, immatériel, indépendant, et qu'il n'éprouve ni accroissement, ni diminution; parce qu'il n'est pas engendré; et ici je ne veux point dire que sa génération doive un jour s'opérer ou qu'elle ne soit pas encore parfaite; je ne veux pas seulement nier qu'il ait tel principe ou qu'il soit lui-même tel produit; je ne veux pas marquer non plus qu'il n'existe nullement; mais j'entends qu'il ne se connaît ni naissance, ni origine aucune, qu'il est éternel, essentiellement parfait, toujours le même, trouvant en lui son immuable et uniforme raison d'être. On lui attribue encore l'identité, parce que c'est lui qui fait reluire cette perfection en toutes les créatures capables de la recevoir; qui ordonne entre elles les choses diverses, et qui, source féconde et cause suréminente d'identité, possède éternellement tous les contraires dans l'être indivisible de sa souveraine essence.

V. La diversité est affirmée de Dieu, parce que sa providence le rend présent à tous les êtres, et que, pour leur commune utilité, il est tout en tous, sans cesser toutefois de demeurer en lui, sans se départir de son essentielle identité, immobile en cette activité permanente et parfaitement simple; ensuite parce que sa vertu féconde et inépuisable transforme et divinise ceux qui se convertissent à lui. Une autre manière de comprendre la diversité nous est encore fournie par les formes variées que Dieu a revêtues dans ses fréquentes apparitions, et qui renferment d'autres enseignements où les sens n'atteignent pas. Car, si l'on voulait dépeindre

---

[74] Hébreux, IV, 12.

l'âme sous des traits empruntés au monde physique, et attribuer à cette nature indivisible les membres du corps humain, nous croirions à coup sûr que ce langage ne lui est pas proprement applicable et ne lui convient que dans un sens compatible avec son immatérialité : ainsi, la tête serait une image de l'entendement ; le col figurerait l'opinion qui tient le milieu entre la raison et l'instinct ; la colère serait représentée par la poitrine, la concupiscence par l'estomac, la force qui soutient notre vie par les cuisses et les pieds, et les noms des diverses parties du corps deviennent le symbole des facultés de l'âme. Or, à plus forte raison faut-il spiritualiser, par la sainteté et la noblesse des explications mystiques, les apparences et les formes multiples sous lesquelles se voile celui qui est supérieur à tout. Et si vous appropriez à Dieu, qu'on ne saurait ni toucher ni figurer, les trois dimensions des corps, la largeur en Dieu sera la protection immense dont il couvre toutes les créatures ; la longueur, c'est sa force qui s'étend par delà les mondes ; et la profondeur, c'est le mystère de son obscurité incompréhensible à tous les êtres. Mais si je m'arrêtais à l'explication de ces diverses formes et apparences, je vous jetterais dans l'illusion, mêlant en un même traité les noms divins empruntés aux choses intellectuelles avec les noms dérivés de symboles matériels, et dont j'ai parlé dans un livre spécial. Seulement, il faut observer ici que cette diversité qu'on attribue à Dieu n'implique aucune altération de son immuable identité, mais désigne la multiplication de ses œuvres dans l'unité, et la simplicité de tous les actes de sa puissance féconde.

VI. Si l'on attribue à Dieu la similitude dans le même sens que l'identité, et parce que dans son unité indivisible il est toujours parfaitement semblable à lui-même, nous sommes loin d'improuver cette dénomination ; mais, considéré dans son essence, les théologiens affirment que Dieu n'est semblable à aucun être ; seulement, il se fait semblable à quiconque aspire à lui et imite, selon qu'il est possible, la perfection qui surpasse tout être et toute intelligence. Telle est la force de cette noble similitude qu'elle incline toutes les créatures vers Dieu comme vers leur cause ; c'est pourquoi il faut dire que toutes ressemblent à Dieu, parce qu'elles sont faites « à son image et à sa ressemblance[75] », et non pas que Dieu soit semblable à elles, comme on ne dit pas que l'homme soit semblable à son portrait. Ainsi, il est possible que des choses de même ordre se ressemblent les unes aux autres ; il est possible qu'entre elles se trouve une similitude réciproque, fondée sur une forme préexistante qu'elles reproduisent également. Mais cette réciprocité ne saurait avoir lieu entre la cause et les effets : car celle-là

---

[75] Gen., I, 26.

s'étend plus loin que ceux-ci, et Dieu ne s'épuise pas en communiquant la similitude à tel ou tel objet; mais il la crée en tous les êtres où elle se trouve; il produit
la participation de la similitude: c'est un vestige de la similitude divine qui reluit
en toutes les créatures et détermine leur admirable union.

VII. Mais à quoi bon insister sur ce point, quand l'Écriture elle-même attribue à Dieu la dissemblance, et affirme qu'il ne peut être comparé à aucune
chose, qu'il diffère de tout, et, ce qui est plus étrange, que rien absolument ne
lui est semblable? Néanmoins ceci n'est pas contraire à ce qui a été dit plus haut
touchant la similitude: car les mêmes choses sont semblables, et tout à la fois
dissemblables à Dieu: semblables, en ce qu'elles imitent jusqu'à lui certain point
l'inimitable perfection; dissemblables, en ce qu'elles sont les effets bornés d'une
cause infinie, et ainsi s'en trouvent éloignées à une inappréciable distance.

VIII. Que signifient le repos et l'immobilité divines, sinon que Dieu demeure
en lui et garde parmi le calme d'une stabilité parfaite, l'identité de son être; que
ses opérations sont les mêmes, et s'exercent sur un même objet, et de la même
sorte; et qu'il est absolument immuable, ne trouvant en lui aucun principe de
variation, ni hors de lui aucune cause de changement? Et ceci doit se prendre
dans un sens transcendantal; car Dieu, supérieur à toute stabilité et permanence,
crée en tous les êtres la permanence et la stabilité; et c'est en lui que tous sont
contenus, et par lui qu'ils conservent avec une pleine sécurité la possession de
leurs biens propres.

IX. Ensuite quand les écrivains sacrés enseignent que l'immuable se meut
et pénètre toutes choses, ne peut-on pas appliquer heureusement à Dieu cette
manière de dire? Car il faut croire pieusement que le mouvement ici ne consiste
pas en ce que Dieu se déplace, s'altère, se modifie ou change; et qu'il ne s'agit pas
d'un mouvement local qui s'accomplirait en ligne droite, circulaire, ou oblique;
et que ce mouvement ne ressemble pas à celui des esprits, des animaux et des différents êtres de la nature. Mais on veut dire seulement que Dieu crée toutes choses, et les maintient, et veille avec protection sur elles; et qu'il leur est présent, et
les embrasse d'une invincible étreinte, et les couvre de la sollicitude de son active
providence. Bien plus, dans un sens mystique, on peut attribuer le mouvement
à notre Dieu immuable. Ainsi, le mouvement en ligne droite marquerait la force
invincible, le développement régulier et inaltérable des opérations de Dieu, et
l'acte par lequel il a créé l'univers. Le mouvement oblique serait un symbole des
continuelles productions et de la stabilité féconde de Dieu. Par le mouvement

circulaire on entendrait l'identité de Dieu, et l'immensité par laquelle il embrasse les milieux et les extrêmes, qui se trouvent comme enveloppés l'un dans l'autre, et la force par laquelle il attire à lui toutes ses créatures.

X. Si l'on veut encore nommer égalité ce que les Écritures appellent identité et justice, on dira très bien qu'il y a égalité en Dieu, non seulement parce qu'il est parfaitement simple et immuable, mais encore parce qu'il s'incline vers toutes choses, et les pénètre également ; et parce que, souverain auteur de l'égalité essentielle, il fait que tous les êtres s'influencent mutuellement avec une constante harmonie, et participent à lui en proportion de leur capacité naturelle, et reçoivent les dons divins, selon leur mérite respectif ; et parce qu'en vertu de sa force infinie, d'où émane toute égalité, il possède éternellement, en l'unité de son essence, et d'une manière suréminente, cette égalité qui se trouve dans les purs esprits, dans les êtres doués de raison ou de sentiment, dans les substances inanimées, dans la nature universelle, dans les créatures libres.

CHAPITRE X :
DU DOMINATEUR SUPRÊME ET DE L'ANCIEN DES JOURS ; OÙ L'ON TRAITE AUSSI DE L'ÉTERNITÉ ET DU TEMPS

I. Parmi les noms divers que l'on donne à Dieu, expliquons maintenant ceux de dominateur suprême et ancien des jours. On l'appelle dominateur, parce qu'il est l'immuable base qui contient et conditionne toutes choses, et les fixe, les affermit, les étreint, et en fait un tout indissoluble ; parce qu'il est comme la source immensément féconde d'où procède l'univers ; parce qu'il attire tout à lui, comme à un centre puissant ; et qu'ainsi, par sa force invincible, il maintient tous les êtres réunis en lui-même, et les protège par une sorte d'inexprimable embrassement et ne permet pas que s'échappant de son sein, où est la stabilité, ils aillent se précipiter dans le néant. Dieu est encore nommé dominateur, parce qu'il commande à tous les mondes, et les régit avec une pleine et forte indépendance ; et parce qu'il est l'objet et du désir et de l'amour universels, et que toutes choses subissent son joug par une naturelle inclination, et tendent indistinctement vers lui, attirées par les charmes puissants de son indomptable et suave amour.

II. Dieu est nommé l'ancien des jours[76], parce que toutes choses trouvent en lui leur durée et leur temps, et qu'il précède les jours et le temps et la durée. Et quand on dit de Dieu qu'il est le temps, les jours, les saisons, la perpétuité, ces paroles doivent être prises dans un sens convenable ; elles signifient qu'il est exempt de variation, et inébranlable en tous ses mouvements, et se tirent incessamment sans sortir de lui-même ; et qu'il est l'auteur de la durée, du temps, et des jours. Voilà pourquoi dans les apparitions saintes dont furent honorés les prophètes, Dieu prend tantôt la figure d'un vieillard[77], tantôt celle d'un jeune homme[78], indiquant par la première, qu'il est antique, et existe dès le commencement, et par la seconde, qu'il ne vieillit pas ; et, par l'une et l'autre considérées ensemble, qu'il est présent à toutes les créatures depuis leur origine jusqu'à l'heure présente. Ou bien encore, selon les enseignements de notre pieux initiateur, cette double forme révèle l'antiquité de Dieu ; la première représente l'antériorité

---

[76] Dan., VII, 22.
[77] Dan., VII, 9.
[78] Gen., XVIII, 3.

et la seconde est un symbole de la priorité numérique ; car l'unité, et ce qui s'en rapproche, précèdent ce qui s'en éloigne davantage.

III. Je crois qu'il importe d'examiner ce que les Écritures entendent par ces mots de temps et d'éternité. Car elles attribuent non seulement l'éternité à ce qui n'a ni commencement, ni origine quelconque, mais encore à ce qui est incorruptible, immortel, et ne connaît ni changement, ni altération, comme lorsqu'il est dit : « Levez-vous, portes éternelles[79] ! » ou autres choses semblables. Souvent aussi on décore du nom d'éternité les choses anciennes, et l'on nomme également éternité la complète durée des siècles, parce que le propre de l'éternité c'est d'être antique, immuable, et de mesurer la totalité de l'être. Le temps est la mesure de ce qui est soumis aux conditions de la naissance et de la corruption, de ce qui se modifie et s'altère : voilà pourquoi, d'après les divins oracles, nous qui, en ce monde, sommes circonscrits par le temps, nous deviendrons éternels, lorsqu'il nous sera donné d'entrer dans les siècles incorruptibles et immuables. Parfois enfin on parle d'une éternité qui finit, et d'un temps éternel ; néanmoins, nous savons que les saintes Lettres réservent plus particulièrement le mot d'éternité pour les choses qui sont véritablement, et appliquent le mot de temps aux choses qui passent. Il ne faut donc pas imaginer que ce qui est nommé perpétuel, soit réellement coéternel à Dieu qui précède tous les siècles : mais, suivant avec fidélité la parole sacrée, nous donnerons à ces expressions de temps et d'éternité le sens qu'elle y attache elle-même ; et nous dirons que les choses qui tiennent le milieu entre ce qui est véritablement et ce qui passe, participent à la fois de l'éternité et du temps. Ainsi, Dieu est nommé perpétuité et temps, parce qu'il est l'auteur du temps et de la perpétuité ; ancien des jours, parce qu'il précède et dépasse le temps[80], et change les temps et les saisons ; antérieur aux siècles, parce qu'il était avant qu'ils ne fussent, et que son règne est le règne de tous les siècles. Amen !

---

[79] Psalm., XIII, 7-9.
[80] Apoc., XI, 15.

CHAPITRE XI :
DE LA PAIX, ET CE QUE SIGNIFIENT CES MOTS :
D'ÊTRE EN SOI, DE VIE EN SOI, DE PUISSANCE EN SOI,
ET AUTRES SEMBLABLES

I. Et maintenant, honorons par la louange de ses œuvres harmoniques la paix divine, qui préside à toute alliance. Car c'est elle qui unit les êtres ; qui les concilie, et produit entre eux une parfaite concorde ; aussi tous la désirent, et elle ramène à l'unité leur multitude si diversifiée, et combinant leurs forces naturellement opposées, place l'univers dans un état de régularité paisible. C'est par leur participation à la paix divine, que les premiers d'entre les esprits conciliateurs sont unis avec eux-mêmes d'abord, puis les uns avec les autres, enfin avec le souverain auteur de la paix universelle ; et que par un effet ultérieur, ils unissent les natures subalternes avec eux-mêmes et entre elles, et avec la cause unique de l'harmonie générale. Car ce principe parfait, étendant à toutes les créatures son action indivisible, les distingue, les limite, les maintient, et enveloppe comme par des liens puissants, la collection totale de ces substances diverses ; et il ne permet pas qu'elles brisent leur union et se dispersent à l'infini et se résolvent sans fin, déchues de tout ordre, de toute stabilité, séparées de Dieu, en guerre avec elles-mêmes et confondues les unes avec les autres dans un trouble immense.

Mais qu'est-ce que cette paix et ce divin calme, que le saint personnage Justus appelle silence, et immobilité merveilleusement active ; comment Dieu demeure dans le repos et le silence ; comment il vit par lui-même et en lui-même, et se pénètre intimement et tout entier ; comment, soit qu'il entre en lui-même, soit qu'il se multiplie en ses œuvres, il ne déchoit pas de son unité parfaite, mais au contraire, en vertu de cette unité sublime qui n'a pas d'égale, s'incline vers toutes les créatures, sans sortir de son propre fonds : voilà ce qu'il n'est ni permis, ni possible à aucun être de dire, ni de comprendre. Ainsi proclamant que la paix divine est ineffable et incompréhensible, puisqu'elle surpasse toutes choses, nous considérerons seulement ses diverses participations que l'esprit embrasse et que le langage explique, autant toutefois que le peuvent des hommes, et surtout des hommes, aussi grandement inférieurs que nous.

II. Disons donc d'abord que Dieu produit la raison essentielle de toute paix, et la paix, soit dans l'univers entier, soit dans chaque individu ; et que rapprochant l'une de l'autre les diverses substances, il les tenait sans les réunir, sans les altérer ; tellement que, dans cette alliance où il n'y a ni séparation, ni intervalle, elles se maintiennent dans l'intégrité de leur propre espèce et ne sont point dénaturées par le mélange des contraires ; et que rien ne trouble ni leur concert unanime, ni la pureté de leur essence particulière. Il faut donc contempler cette pacifique harmonie dans la simplicité parfaite de son principe, qui les unit à lui d'abord, puis avec elles-mêmes, enfin toutes ensemble, et qui les étreignant dans sa force, et les protégeant dans sa sagesse, les ordonne sans les confondre. C'est par lui que les esprits célestes se trouvent unis à leur propre entendement et aux objets de leur connaissance, et de là se plongent éperdument dans les incompréhensibles secrets. C'est par lui que les âmes raisonnables, rassemblant leurs raisonnements multiples qu'elles réduisent à l'unité d'un concept pur, et dégageant la vérité de tout ce qui est matériel et divisible, s'élèvent, en suivant cette route tracée pour leurs forces, jusqu'à cette union que la pensée ne saurait atteindre. Par lui encore, l'univers subsiste inaltérable dans le merveilleux ensemble de ses parties, et toutes choses, liées par des rapports harmonieux, forment un concert parfait, de sorte qu'elles sont rapprochées sans confusion et maintenues sans séparation. Car, de cette sublime et universelle cause, la paix descend sur toutes les créatures, leur est présente, et les pénètre en gardant la simplicité et la pureté de sa force ; elle les ordonne, elle rapproche les extrêmes à l'aile des milieux, et les unit ainsi, comme par les liens d'une naturelle concorde ; elle daigne appeler à sa participation les plus viles substances de l'univers ; elle fait que toutes choses conspirent à une sorte de fraternel accord par leur unité individuelle et leur identité, par leur commune réunion et assemblage. Et toutefois elle demeure indivisible, et sa simplicité est l'exemplaire où toutes choses se voient, et elle pénètre tout, sans sortir jamais de sa constante immutabilité. Car elle s'étend et se communique à tous les êtres, en la façon qui leur convient, et sa fécondité paisible déborde en flots surabondants, et sa puissante unité se concentre toute en elle-même, et subsiste pleinement inaltérable.

III. Mais, dira-t-on, est-il vrai que toutes choses aspirent à la paix ? Car il y en a plusieurs qui se plaisent dans la distinction et la diversité, et s'appliquent sans cesse à fuir le repos. Or, si en faisant cette objection, l'on veut entendre par distinction et diversité les propriétés des différents êtres, et exprimer que nul d'entre eux ne veut déchoir de sa nature, assurément nous n'irons pas rejeter une telle explication, mais nous remarquerons que cette tendance même est un désir de la paix. Car toutes choses ne demandent qu'à être en paix et en union avec elles-mêmes, et à conserver immuables et intacts leur essence et ce qui en dérive. Et chaque substance est maintenue dans l'intégrité de sa nature propre par la douce influence de cette paix parfaite qui gouverne l'univers ; qui prévient la confusion et l'hostilité, et protège les êtres soit contre eux-mêmes, soit contre les autres ; et qui les confirme dans la ferme et invincible puissance de garder leur paix et leur stabilité.

IV. Que si les choses mobiles, au lieu d'entrer en repos, cherchent à perpétuer leur mouvement naturel, cet effort même est un désir de la paix que Dieu a faite parmi la création, et qui empêche que les êtres ne viennent à déchoir d'eux-mêmes ; qui conserve constantes et inaltérables en tous les êtres doués du mouvement l'aptitude qui le reçoit et la vie qui le transmet ; et qui leur donne d'être en paix avec eux-mêmes, de rester invariables et d'accomplir leurs fonctions propres.

V. Si au contraire on prend cette diversité pour une déchéance de la paix, et si l'on veut conclure que toutes choses n'ambitionnent pas la paix, nous répondrons qu'il n'y a rien absolument dans l'univers en quoi ne se trouve une certaine union ; car ce qui n'est ni stable, ni défini, ce qui n'a ni fixité, ni destination propre, n'existe réellement pas. Si l'on ajoute que la paix et ses doux charmes ont pour ennemis les hommes qui se plaisent dans les querelles et les emportements, dans les variations et les caprices, nous dirons qu'alors même ils suivent une impulsion qui ressemble au désir de la paix, et qu'agités en tous sens par des passions diverses, ils aspirent à les apaiser follement : car imaginant que la paix se rencontre en la pleine jouissance des biens passagers, ils se troublent de ne pouvoir conquérir les voluptés dont ils sont épris.

Mais que ne devrait-on pas dire de cette paix qui nous fut donnée en la charité de Jésus-Christ ? Car c'est par là que nous avons appris à n'être plus en guerre avec nous-mêmes, avec nos frères, avec les saints anges ; c'est par là au contraire qu'en leur société, et selon la mesure de nos forces, nous produisons des œuvres divines, sous l'impulsion de Jésus qui opère tout en tous, et crée en nous une paix ineffable, prédestinée de toute éternité, et nous réconcilie avec lui dans l'Esprit et en lui-même et par lui avec le Père. Au reste, nous avons suffisamment traité de ces dons adorables ; dans nos *Institutions théologiques*, nous appuyant sur le témoignage des livres inspirés.

VI. Mais parce que vous m'avez écrit un jour, à dessein de savoir ce que j'entends par l'être en soi, la vie en soi, la sagesse en soi ; parce que je vous jette dans

129

l'incertitude en affirmant tantôt que Dieu est la vie en soi, tantôt qu'il est le créateur de la vie en soi; j'ai cru, ô pieux ami, devoir résoudre le doute que j'ai fait naître. Et d'abord, pour répéter ce que j'ai mille fois avancé, il n'implique pas contradiction de dire que Dieu est la puissance essentielle, la vie essentielle, et qu'il est aussi le créateur de la vie, de la paix, de la puissance essentielles. Car dans le dernier cas, l'on désigne Dieu par les choses qui sont, et spécialement par les choses qui précèdent toutes les autres, parce qu'effectivement il a tout produit; dans le premier cas, Dieu est représenté comme surpassant par son essence suréminente toutes les choses qui sont et même celles qui préexistent à toutes les autres. Mais enfin qu'entendons-nous par l'être en soi, la vie en soi, et par ces principes absolus que l'on suppose créés par Dieu avant tout le reste? Or, notre assertion n'a rien d'ambigu, mais elle est exacte et s'explique avec facilité. Car nous n'admettons pas que l'être considéré absolument soit une substance divine, ou angélique, qui ait tout produit; celui-là seul qui l'emporte sur tout, est le principe, la substance, la cause qui a créé toutes choses, même l'être en soi. Nous n'admettons pas que la vie émane de quelque divinité autre que le Dieu suprême, vivant principe de tout ce qui vit et même de la vie en soi. En un mot, nous n'admettons pas que les choses aient pour principes et pour causes productrices des êtres doués d'une existence propre, que quelques-uns ont nommé follement, les dieux et les créateurs du monde, et qui n'étant que chimères, n'ont pu assurément être l'objet d'une vraie science, ni pour la génération qui les inventa, ni pour les générations postérieures. Mais nous disons que l'être en soi, la vie en soi, la divinité en soi, si l'on considère ces choses en Dieu, et comme principes et sous le rapport de la causalité, sont l'unique et souverain principe, l'unique et souveraine cause de tout. Si on les considère comme participées par les êtres finis, et comme perfections que l'incommunicable essence de Dieu leur transmet, elles sont la production même de l'être, de la vie, de la déification; tellement que les choses qui y participent selon leur capacité propre, sont nommées avec vérité existantes, vivantes et divines. Et il en est de même des autres attributs. Voilà pourquoi l'on dit que le Dieu bon est l'auteur de ces formes, et qu'on les examine en elles-mêmes, ou dans la totalité des êtres, ou dans les individus; l'auteur aussi des choses qui entrent en participation de ces formes, soit intégralement, soit partiellement. Mais est-il besoin de nous étendre plus longuement sur ce sujet, quand la plupart de nos pieux initiateurs enseignent que celui qui est par-dessus toute bonté, toute divinité, a créé la bonté même, la divinité même, et regardent ces formes essentielles comme un don qui procède de Dieu, et par lequel les choses sont constances bonnes et divines, quand ils nomment beauté en soi cette émanation qui est l'essence de toute beauté soit générale, soit particulière, et qui rend les choses ou totalement ou partiellement belles? Toutes ces locutions, et les locutions semblables qu'on emploie, en qu'on peut les employer, expriment les grâces providentielles qui brillent dans les créatures, et qui descendent avec richesse et à flots pressés du sein de Dieu, dont la nature reste incommunicable : tellement que la cause universelle dépasse excellemment toutes ses œuvres, et que, supérieur à toute substance et à toute nature, Dieu l'emporte de tout point sur toutes choses, quelle que soit leur substance et leur nature.

CHAPITRE XII :
DU SAINT DES SAINTS ; DU ROI DES ROIS ;
DU SEIGNEUR DES SEIGNEURS ; DU DIEU DES DIEUX

I. Après avoir traité la question qui précède, dans des proportions bien convenables, je pense, louons celui auquel on peut appliquer toutes les qualifications honorables, comme Saint des saints[81], Roi des rois[82], et régnant éternellement et par delà tous les siècles[83] ; comme Seigneur des seigneurs[84], et Dieu des dieux[85]. Et d'abord, il faut expliquer ce que nous entendons par la sainteté même, par la royauté, la domination, la divinité, et ce que veulent marquer les Écritures, en employant ainsi ces noms redoublés.

II. Ainsi, la sainteté, pour parler le langage des mortels, est une pureté exempte de tout crime, parfaite et absolument sans tache. La royauté est la répartition des destinations diverses, des biens, des droits et des devoirs. La domination ne consiste pas seulement en une certaine excellence sur les choses inférieures, mais encore en une pleine et complète possession de ce qui est beau et bon, et dans une vraie et inaltérable stabilité : aussi la racine des mots domination, dominateur, et seigneur, signifie-t-elle fixité et assurance. La divinité, c'est une pensée active qui promène son regard sur l'univers ; qui, dans sa bonté providentielle, embrasse et contient toutes choses, et les remplit d'elle-même, et qui surpasse éminemment toutes les créatures, objets de sa sollicitude.

III. Or ces attributs divers conviennent dans un sens absolu à la cause universelle et transcendante ; et l'on doit dire qu'elle est sainteté suréminente, domination parfaite, royauté souveraine, et divinité très pure. Car c'est en elle que subsistent, c'est de son unité et de sa plénitude que découlent la perfection et la gloire sans tache de toute pureté créée, et cette disposition, cet agencement des êtres qui exclut toute désharmonie, inégalité et disproportion ; qui maintient

---

[81] Dan., IX, 24.
[82] I Tim., VI, 15.
[83] Ps., X, 16.
[84] Apoc., XIX, 16.
[85] Ps., XLIX, 1.

toutes choses dans l'ordre, et imprime une direction salutaire à tout ce qui est digne de sa participation. Là encore, préexiste, et de là émane toute domination, toute possession immuable des vrais biens, et toute bonté providentielle, s'appliquant à surveiller et à régir l'univers, et se donnant elle-même avec tendresse pour diviniser ceux qui la reçoivent.

IV. Mais parce que l'auteur de toutes choses les possède avec plénitude et dans un degré hautement supérieur, on le comme Saint des saints, en on lui donne divers titres analogues, pour désigner sa causalité féconde et son excellence infinie. C'est comme si l'on disait: de même que les choses saintes et divines, et honorées de la domination et de la royauté, l'emportent sur les choses qui sont dépourvues de ces qualités; de même que les participations l'emportent sur les choses où elles brillent, ainsi l'être souverain surpasse tous les êtres; ainsi, le principe essentiellement incommunicable surpasse et les participations et ceux qui les reçoivent. Or l'Écriture nomme saints, rois, seigneurs et dieux les ordres supérieurs de chaque hiérarchie: à eux le don divin est communiqué dans sa simplicité pure; mais il se différencie, et contracte une sorte de multiplicité, en passant jusqu'aux rangs divers des ordres inférieurs: toutefois, à l'imitation de la providence céleste, les premiers ramènent en eux à l'unité les distinctions de leurs subordonnés.

CHAPITRE XIII :
DE LA PERFECTION ET DE L'UNITÉ

I. Mais c'est assez sur ce point. Il nous reste, si vous le jugez convenable, à envisager la question sous sa face la plus complète : car la théologie affirme chaque chose séparément, et toutes choses ensemble du créateur souverain ; elle le nomme parfait et un.

Or Dieu est parfait. Non seulement parce qu'il possède essentiellement la perfection, et qu'il trouve en lui, et en vertu de sa nature propre, sa forme immuable, et que tous ses attributs sont absolument parfaits ; mais encore parce que sa perfection dépasse celle de tous les êtres ; que tout ce qui est infini trouve en lui sa limite, tandis que lui-même ne connaît pas de bornes, et ne saurait être ni renfermé, ni contenu ; et qu'il s'étend à la fois à tout, et au-delà de tout, par ses bienfaits inépuisables et ses opérations incessantes. On lui attribue alors, la perfection, parce que toutes choses préexistent en lui, et parce que l'influence universelle et inaltérable, les flots toujours féconds et abondants de sa libéralité communiquent la perfection à tout ce qui la possède, et façonnent toutes choses à l'image de la perfection suprême.

II. Dieu est nommé un, parce que dans l'excellence de sa singularité absolument indivisible, il comprend toutes choses, et que sans sortir de l'unité, il est le créateur de la multiplicité : car rien n'est dépourvu d'unité ; mais comme tout nombre participe à l'unité, tellement qu'on dit une couple, une dizaine et une moitié, un tiers, un dixième, ainsi toutes choses, et chaque chose, et chaque partie d'une chose tiennent de l'unité ; et ce n'est qu'en vertu de l'unité que tout subsiste. Et cette unité, principe des êtres, n'est pas portion d'un tout ; mais antérieure à toute universalité et multitude, elle a déterminé elle-même toute multitude et universalité. Car il n'y a pas de pluralité qui ne soit une par quelque endroit : ce qui est multiple en ses parties, est un dans sa totalité ; ce qui est multiple lui : ses accidents, est un dans sa substance ; ce qui est multiple en nombre, ou par les facultés, est un par l'espèce ; ce qui est multiple en ses espèces, est un par le genre ; ce qui est multiple comme production, est un dans son principe. Et il n'y a rien qui n'entre en participation quelconque de cet un absolument indivisible, et renfermant dans sa simplicité parfaite chaque chose individuellement, et toutes choses ensemble, alors même qu'elles sont mutuellement opposées. La pluralité n'existerait pas sans la singularité ; mais la singularité peut exister sans la pluralité, comme l'unité précède tout nombre multiple. Et si vous considérez les diverses parties de l'univers comme unies de tout point entre elles, vous aurez alors l'unité dans la totalité.

III. Il faut remarquer de plus que les choses ne sont jamais réputées unies, qu'autant qu'elles présentent le caractère spécifique d'une unité préconçue. Enfin, on voit que l'unité est le principe élémentaire de tout ; et si vous en faites abstraction, il n'y a plus ni totalité, ni partie, il n'y a plus rien, car toutes choses préexistent, et sont renfermées suréminemment dans l'unité.

Aussi la théologie, considérant la Trinité comme unique cause de tout, la désigne sous le nom d'unité ; et elle enseigne qu'il n'y a qu'un seul Dieu Père, un seul Seigneur Jésus-Christ, un seul et même Esprit saint, dans la simplicité ineffable d'une même unité, où toutes choses préexistent merveilleusement, et sont rassemblées et unies sans division. C'est donc avec raison qu'on attribue et qu'on rapporte tout à cette nature auguste ; car elle a tout produit et tout ordonné ; en elle tout subsiste et se maintient ; tout reçoit d'elle son complément, et tout se dirige vers elle. Et vous ne trouverez pas un seul être qui ne doive ce qu'il est, et sa perfection et sa permanence, à cette unité transcendante que nous reconnaissons en la Trinité sainte. En conséquence, il faut que, ramenés de la pluralité à l'unité par la vertu de la simplicité divine, nous donnions gloire spéciale à la Trinité et unité céleste, comme à l'unique principe des choses, qui précède toute singularité et pluralité, toute partie et totalité, toute limite et immensité, tout fini et infini ; qui constitue tous les êtres, et même la raison de l'être ; qui, sans altération de son unité, produit chaque chose en la totalité des choses, coexistant, antérieur et supérieur à tout, l'emportant sur toute autre créée, dont il produit la forme essentielle : car l'unité qui apparaît dans les créatures, se conçoit comme nombre, et tout nombre participe à l'existence. Mais l'unité suressentielle détermine et la raison de l'unité et tout nombre créé ; et elle est le principe, la cause, la mesure et l'ordre de l'unité, du nombre et de tout ce qui existe. Et quoique l'on approprie, à la divinité qui dépasse toutes choses, les noms d'unité et de Trinité, toutefois cette Trinité et cette unité ne peuvent être connues de nous, ni d'aucun être : mais afin de glorifier saintement cette essence indivisible et féconde, nous désignons par les noms divins de Trinité et d'unité ce qui est plus sublime qu'aucun nom, plus sublime qu'aucune substance. Car il n'est ni unité, ni Trinité, il n'est ni nombre, ni singularité, ni fécondité ; il n'est ni aucune existence, ni aucune chose connue qui puisse dévoiler l'essence divine si excellemment élevée par-dessus toutes choses, dévoiler un mystère supérieur à toute raison, à toute intelligence ; et Dieu ne se nomme pas, et ne s'explique pas ; sa majesté est absolument inaccessible. Même si on l'appelle bon, ce n'est pas que ce titre soit parfaitement digne de lui ; mais c'est que par le désir de concevoir et d'exprimer quelque pensée touchant cette ineffable nature, on lui consacre principalement la plus auguste de toutes les dénominations. Ce langage est parfaitement conforme à celui des Écritures ; et pourtant, il est loin de reproduire toute la vérité. De là vient que les théologiens ont préféré s'élever à Dieu par la voie des locutions négatives ; parce qu'ainsi l'âme se dégage des choses matérielles qui l'étreignent ; qu'elle pénètre à travers les pures notions qu'on peut avoir de la divinité, et par delà lesquelles réside celui qui dépasse tout nom, toute raison, toute connaissance ; et qu'enfin elle s'unit intimement à lui, autant qu'il peut se communiquer, et que nous sommes capables de le recevoir.

IV. Nous avons recueilli en ce discours et expliqué de notre mieux les noms divins purement intelligibles. Non seulement, nous sommes resté au-dessous de la dignité d'un pareil sujet, car les anges même pourraient en dire autant avec vérité ; non seulement, nous ne l'avons pas traité à la façon des anges, car les derniers d'entre eux l'emportent sur nos plus excellents théologiens ; non seulement, les théologiens, et leurs studieux auditeurs, et leurs disciples nous surpasseraient ; mais il s'en faut même beaucoup que nous ayons atteint à la hauteur de nos collègues. C'est pourquoi s'il y a de l'exactitude en notre langage, et si dans la mesure de nos forces, nous avons fourni quelque heureuse interprétation des noms divins, il faut en faire hommage à l'auteur de tous biens, qui donne d'abord la grâce de dire, et ensuite celle de bien dire. Si quelque point, analogue à ceux que nous avons discutés, se trouve omis, on doit supposer que nous l'éclaircirions par la même méthode que les précédents. Si au contraire nos expressions sont inexactes et nos développements imparfaits, et si nous nous sommes éloigné de la vérité en tout ou en partie, soyez assez bons pour redresser celui qui n'est pas dans l'ignorance volontaire, instruire celui qui a besoin d'apprendre, prêter secours à celui qui est débile, rendre à la santé celui qui ne prend pas plaisir à être malade. Soyez assez bon pour laisser venir jusqu'à nous ce que vous a donné la richesse infinie, soit que vous l'ayez trouvé en vous, soit que d'autres vous l'aient transmis. Qu'il ne vous soit pas fastidieux de faire du bien à votre ami car, vous le voyez, je n'ai retenu en moi aucun des enseignements de la sainte tradition, mais je les ai communiqués dans toute leur pureté, et j'en ferai part encore soit à vous, soit à d'autres pieux personnages, autant que nous serons capables, moi d'en parler, et mes auditeurs de les entendre et ainsi sera respectée la tradition, à moins qu'il ne m'arrive de comprendre, ou d'exprimer mal notre doctrine.

Mais, si Dieu le veut avoir pour agréable, que ces choses soient et restent dites. Nous terminons ici notre traité des noms intelligibles de Dieu.

Table des matières

LA HIÉRARCHIE ECCLÉSIASTIQUE

TRAITÉ DES NOMS DIVINS